청년 공동체 바로 세우기 | 빌립보서
(학습자용 지침서)

청년공동체 바로 세우기 | 빌립보서(학습자용 지침서)

초판 1쇄 발행 | 2015. 9. 10
초판 4쇄 인쇄 | 2022. 8. 20
지은이 | 김상권
연구위원 | 김정혁 목사(내일교회), 김지원 목사(수영로교회)
박진수 전도사(수영로교회), 박효범 목사(안양석수교회)
양영모 목사(수영로교회), 오경제 강도사(온사랑교회)
이기환 전도사(염광교회), 이다윗 강도사(아나톨레)
전영삼 목사(수영로교회), 정병윤 목사(수영로교회)
조인식 목사(경산중앙교회)
펴낸 이 | 정신일
펴낸 곳 | 크리스천리더
편 집 | 이지선
교 정 | 이주련
일부 총판 | 생명의 말씀사 (02) 3159-7979
등 록 | 제 2-2727호(1999. 9.30)
주 소 | 부천시 원미구 중동 1289번지 팰리스카운티 아이파크상가 3층
전 화 | (032) 342-1979
팩 스 | (032) 343-3567

도서 출간 상담 | E-mail:chmbit@hanmail.net
Homepage | cjesus.co.kr/juwana.co.kr

ISBN : 978-89-6594-159-0 03230

정가 : 4,500원

한국교회 다음 세대를 세우기 위한 마지막 대안, 청년 공동체 바로 세우기 프로젝트

청년 공동체
바로 세우기

청년 공동체
바로 세우기
학습자용

빌립보서의 원어적 의미를 찾는 영적 성숙 프로젝트

김상권 목사

[빌립보서]

>>> Philippians Project >>>

우리 주는 정말 죽으려고, 섬기려고 이 땅에 오셨다. 하지만 우리는 제대로 죽으려고, 섬기려고 한 적이 얼마나 있었을까? 예수님은 '하나님의 본체(모르페)'이셨지만, '사람의 모양(스케마)'으로 나타나셔서 그리 사셨다. 첫 번째 아담은 '하나님의 형상(에이콘)'으로 만들어졌지만 하나님과 동등되려고 했다. 하지만 두 번째 아담 예수는 '하나님의 본체(모르페)'이셨음에도 불구하고 '사람의 모양(스케마)'으로 나타나셔서 하나님과 동등됨을 취할 것으로 여기지 않으셨다. 합리적이지 않으면 화가 나고, 따져서 이해가 되어야 순종하는 우리의 모습을 보면서 우리 주의 삶과 우리의 삶의 방향이 너무 많이 다르다는 생각을 한다.

CLS 크리스천리더

청년 공동체 바로 세우기를 위한 소그룹 사역 전략

청년 공동체 바로 세우기 소그룹 사역 전략은 총 다섯 가지의 전략을 가지고 각 청년 공동체에 맞게 조율 수립하여 각 공동체가 커리큘럼과 양육 체계를 가지고, 실질적인 영적 성숙의 가시화를 목표로 하는 청년 공동체 소그룹 사역 전문 매뉴얼입니다. 구체적인 세부안은 『청년 실종 공동체성으로 공략하라』(크리스천리더)를 참고하세요.

1. 공동체성 진단하기

1) 사역 현장의 양육, 예배, 교제, 전도 기능을 대표하는 사역들이 공동체성에 미치는 영향을 5점 척도로 회원들에게 체크하도록 한다.

2) 상대적으로 부족하다고 생각되는 부분을 함양하기 위한 사역을 점검하고 수정과 보완을 실시한다.

공동체성		양육 기능	예배 기능	교제 기능	전도 기능	소계
사역		( )	( )	( )	( )	
관계적 속성	친밀한 상호작용과 영향	01234	01234	01234	01234	
	공동 목적 추구 행위	01234	01234	01234	01234	
	전인격적 관계	01234	01234	01234	01234	
	공동체 참여	01234	01234	01234	01234	
	공동 가치와 규범의 공유	01234	01234	01234	01234	
소계						
정서적 속성	정서적 공감과 일치	01234	01234	01234	01234	
	개인과 공동체의 유익 일치	01234	01234	01234	01234	
	심리적 욕구의 통합과 충족	01234	01234	01234	01234	
	공동체 지향 본연 의지	01234	01234	01234	01234	
	의식적 소속감	01234	01234	01234	01234	
소계						
물리적 속성	지리적 근접성	01234	01234	01234	01234	
	시간과 공간의 유사성	01234	01234	01234	01234	
	공동체 환경의 특성	01234	01234	01234	01234	
	사회적 단일성	01234	01234	01234	01234	
	공통된 문화의 공유	01234	01234	01234	01234	
소계						
총계						

2. 핵심가치 공유하기

1) 공동체성은 교회 부흥과 쇠퇴의 핵심적 요인이다.

2) 공동체성은 소그룹 사역에서 효과적으로 함양될 수 있다.

3) 소그룹은 예배, 양육, 전도, 교제의 기능을 강화할 때 활성화된다.

4) 1년을 4달씩 한 텀(Term)으로 묶어 소그룹 커리큘럼을 세우고 공동체에 적용한다.

연차	필수 과정 (1~4월)	암송구절	선택 과정 (5~8월)	필수 과정 (9~12월)	암송구절
6 년차	룻기	1. 내주하시는 성령(갈 4:6) 2. 통치하시는 성령(갈 5:16) 3. 계시하시는 성령(요 14:26) 4. 능력 주시는 성령(고전 2:4,5)	☞그리스도인 되기 ☞기독교세계관 ☞거친형상과내적치유 ☞하나님음성을듣는법 ☞이성교제와결혼준비 ☞경배와찬양 ☞비전과소명 ☞기도 학교 ☞부모와가정사역 ☞직장과신앙 ☞고난과시험 ☞감정 다루기 ☞영성 훈련 ☞캠퍼스 생활 ☞대인관계와커뮤니케이션 ☞선교와선교적삶 ☞이단 연구 ☞대중문화와기독교 ☞하나님의이름 ☞기독교 교리 입문 ☞그리스도인의물질관 ☞교회론과실제 ☞종말론과실제 ☞구원론과실제 ☞기독론과실제 ☞신론과실제 ☞기질과은사개발	야고보서	1. 용서함(엡 4:32) 2. 오래 참음(엡 4:2) 3. 분노를 다스림(엡 4:26) 4. 악의를 버림(엡 4:31)
5 년차	느헤미야	1. 믿음(히 11:6) 2. 선행(갈 6:9,10) 3. 경청함(약 1:19) 4. 책망을 받아들임(잠 9:8,9)		갈라디아서	1. 생각의 습관(빌 4:8) 2. 마음의 습관(눅 6:45) 3. 말의 습관(엡 4:29) 4. 행동의 습관(살전 5:22)
4 년차	사사기	1. 공급(롬 8:32) 2. 유혹에서 도우심(시 119:9,11) 3. 교제(마 18:20) 4. 증거(롬 1:16)		요한복음	1. 사랑(요일 3:18) 2. 겸손(벧전 5:5,6) 3. 순결(엡 5:3) 4. 정직(행 24:16)
3 년차	여호수아	1. 구원의 확신(요 5:24) 2. 예수를 첫자리에 모심(마 6:33) 3. 죄에서 떠남(롬 12:2) 4. 견고함(고전 15:58)		빌립보서	1. 성령(고전 3:16) 2. 능력(사 41:10) 3. 성실(애 3:22,23) 4. 평안(사 26:3)
2 년차	말라기	1. 중심 되신 그리스도(갈 2:20) 2. 그리스도께 순종(요 14:21) 3. 말씀(딤후 3:16) 4. 기도(요 15:7)		누가복음	1. 모든 이가 죄를 범함(롬 3:23) 2. 죄의 형벌(롬 6:23) 3. 그리스도가 형벌 받음(롬 5:8) 4. 그리스도를 영접해야 함 (요 1:12)
1 년차	창세기	1. 말씀에 의한 생활(행 20:32) 2. 성령에 의한 생활(롬 8:14) 3. 믿음에 의한 생활(고후 5:7) 4. 사랑에 의한 생활(요일 4:11)		에베소서	1. 구원의 확신(요일 5:11,12) 2. 기도응답의 확신(요 16:24) 3. 승리의 확신(고전 10:13) 4. 사죄의 확신(요일 1:9)

3. 양육 체계 확립하기

1) 모든 회원을 신앙의 성숙도에 따라 4 Step으로 분류한다.

2) 한 Term에 One Step-up을 목적으로 하여 양육하고 섬기는 사역을 실시한다.

3) Step-up이 이루어지지 않았을 때는 다음 Term에 다시 시도한다.

4) Step-up은 매 Term 시작 시점마다 점검하여 Step-up을 위한 소그룹 사역을 병행한다.

Step	부서 프로그램	소그룹 중점사항	Step 정의
Step 4 헌신자		리더 비전 나누기 사역팀 합류 소그룹원 챙기기	1.삶이나 시간을 하나님께 드리려는 자 2.성숙을 위해 훈련 받는 자 3.의미 있는 일을 위해 쓰임받기 원하는 자
Step 3 예배자	제자훈련 소그룹 모임 리더 모임	삶 나눔 집중 일일 리더 하기 인턴 리더로 세우기	1.정기적으로 참여하여 예배를 드리는 자 2.예배에 대한 기대와 간증이 있는 자 3.말씀을 듣는 자세가 좋은 자
Step 2 참석자	새가족반 젊은이예배 또래 모임	그룹 내 역할 주기 매주 주중 접촉 격려와 세움	1.불규칙적으로 예배에 참석하는 자 2.하나님을 인격적으로 만나지 못한 자 3.소그룹 모임에 참석하지 않는 자
Step 1 관심자	소그룹 초청 전도축제 캠퍼스 모임	주일예배 동석 친구 매주 주중 접촉 모든 모임 초청	1.친구 따라 교회에 한 번 와본 자 2.기독교와 신앙에 대해 관심 있는 자 3.전도하기로 작정한 전도 대상자

4. 운영지침 반복하기

1) 공동체성에 영향을 주는 소그룹의 기능별로 두 가지 정도의 운영 지침을 마련하여 계속해서 반복한다.

2) 각 운영지침에 대한 세부안을 준비하여 강의와 실습 형식으로 매 Term마다 반복하게 한다.

소그룹 기능	분 류	기능 강화를 위한 운영 지침
양육	귀납적(Inductive)	귀납적으로 성경공부를 인도하라
	대화(Communication)	대화를 통해 마음을 열라
예배	기회(Opportunity)	소그룹 예배에 참여할 기회를 주라
	분위기(Atmosphere)	개방적이고 용납적인 분위기를 만들라
교제	사람(Individual)	사람 중심의 소그룹 교제를 구도하라
	갈등(Trouble)	갈등을 효과적으로 관리하라
전도	기도(Prayer)	기도로 성령의 인도하심을 구하라
	목적(Purpose)	목적 지향적 소그룹이 되게 하라

5. 소그룹 리더 양육하기

1) 리더 양육 커리큘럼을 구체적으로 정하여 재교육하는 시스템을 구축한다

2) 지속적으로 가르치고 실습하게 하되, 다양한 범주 안에서 치우치지 않도록 실시한다.

회 기	양육 커리큘럼	비 고
1st Term (1~4월)	목적 지향적 소그룹 만들기(6주) 리더 친목회(1일) 기질과 은사(4주) 리더 수련회(1박)	리더 훈련 공동체 훈련 제자 훈련 집중 훈련
2nd Term (5~8월)	귀납적 성경공부의 이론과 실제(4주) 리더 친목회(1일) 두려움 없이 사는 법(6주) 리더 수련회(1박)	리더 훈련 공동체 훈련 제자 훈련 집중 훈련
3rd Term (9~12월)	대인관계와 인간 이해(4주) 리더 친목회(1일) 하나님 마음에 합한 사람(6주) 리더 수련회(1박)	리더 훈련 공동체 훈련 제자 훈련 집중 훈련

「빌립보서」 교재 개발 지침

1. 각 과의 목적을 분명하게 드러내고 있는가?

2. 관찰, 해석, 적용, 실천 영역들이 골고루 반영되었는가?

3. 각 질문들이 삶과 연결되었는가?

4. 귀납적으로 소그룹원들의 생각과 삶을 돌아보게 하는 질문인가?

5. 열린 질문('예', '아니오'로 답할 수 없는 질문)인가?

6. 처음부터 끝까지 그 진행이 부드럽고 매끄러운가?

7. 분명하고 확실한 질문인가?

8. 형식적으로 들어간 질문은 없는가?

9. 청년들에게 신선함을 주는 디자인과 내용인가?

10. 연구와 묵고(默考)를 거치면 객관적으로 답할 수 있는 질문들인가?

11. 소그룹 안에서의 협동 학습을 실행할 수 있도록 짜여 있는가?

12. 소그룹 인도자가 충분히 준비할 수 있는 시스템과 자료가 지원되고 있는가?

13. 소그룹 인도자가 각 과의 핵심가치를 분명히 알 수 있게 하는 시스템이 준비되었는가?

14. 소그룹 인도자의 공과 진행은 자신과 지도자가 파악할 수 있는 구조로 마련되었는가?

Contents

1과
풍성한 사랑의 길

빌립보서 1장 1~11절

세상에 사랑보다 좋은 것은 없다.
누군가가 나를 흠모하고 있다는 설렘,
누군가를 향해 잠 못 이루며 애절한 세레나데를 읊는 기대,
두근두근 거리는 사랑의 자리는
모든 사람들에게 선망의 대상이다.
더군다나 외로운 삶의 자리를 벗어나질 못하는 현대인들에게
사랑이란 모든 것을 고진감래(苦盡甘來) 하고
이길 수 있는 힘이다.
하지만 삶은 사랑이란 게 감정적인 문제만은
아니라고 가르친다.
그래서 성경은 '하나님은 사랑'이라 가르치면서
사랑하는 사람은 어떠해야 하는지 교훈한다.
오늘 본문은 빌립보 교인들을 그토록 사랑했던 바울이
어떻게 그들을 사랑했는지에 대한 힌트를 엿보게 한다.
예수의 심장으로 누군가를 사랑한 한 사람을 만나보자.

말씀 암송 | 고린도전서 3장 16절

너희는 너희가 하나님의 성전인 것과 하나님의 성령이 너희 안에 계시는 것을 알지 못하느냐

|다가서기|

1. 당신이 옆 사람에게 '사랑'에 대해서 말해 준다면, 무엇이라고 말하겠는가? 그것을 들은 사람은 그 정의에 대해 100점 만점에 몇 점을 줄 수 있는지, 그 이유는 무엇인지 나누어보라.

Liebe 愛 LOVE 사랑

2. 당신이 생각하는 사랑하는 사람의 특징에는 어떤 것들이 있는가? 단, 풋사랑이 아닌 참사랑을 한다는 조건 하에서 말해 보라.

|깊이보기| 빌립보서 1장 1~11절

빌립보서는 에베소서, 골로새서, 빌레몬서와 함께 바울이 옥중에서 재판을 기다리며 쓴 '옥중서신(獄中書信)'이다. 빌립보(philippi)는 B.C. 356년 알렉산더 대왕의 아버지 빌립 2세(King Philip Ⅱ of Macedon)가 대규모의 거류민을 파견하여 자신의 이름을 따서 빌립보라 불렀다. B.C. 42년경 로마의 식민지가 된 이후, B.C. 30년경 옥타비아누스(Octavianus Gaius Julius caesar)가 로마의 퇴역 군인들의 거주지로 지정하면서 로마의 축소판이 되어 빌립보 시민들은 로마법 '유스 이탈리쿰(ius italicum)'의 법적, 행정적 적용을 받게 된다. 따라서 빌립보 시민들은 황제에 대한 충성심이 높았고, 로마 시민이라는 자부심이 대단했다. 그래서 바울은 이에 빗대어 '천국 시민(citizenship of Heaven)'이라는 개념으로 복음을 설명한 것이다(3:20).

빌립보는 바울이 환상 중에 본 마게도냐 사람이 청하여 건너간 2차 전도 여행 기간(A.D.49~52년) 중 처음 도착한 유럽의 첫 성(城)이기도 하다(행16:12~40). 즉 유럽 최초의 교회라고 할 수 있다. 1~11절은 본 서신의 도입부로 바울의 인사(1,2절)와 감사(3~6절), 사랑(7,8절), 그리고 기도(9~11절) 등으로 구분해 볼 수 있다.

3. 바울은 빌립보 교회의 모든 수신자들을 무엇이라고 명명하는가?(1절) 어떤 의미에서 빌립보 교회의 성도들을 그렇게 불렀다고 생각하는가?(1절)

① 빌립보교회의 교인
② 그리스도 예수의 종
③ 그리스도 예수 안에 있는 성도
④ 주 안에서 사랑하는 친구들

4. 바울은 빌립보 성도들에게 무엇과 무엇이 있기를 원했가?(2절) 이 둘의 관계는 어떤 관계라고 할 수 있는가?

5. 그리스도로 구원받은 성도는 바울이 말한 이 두 가지가 반드시 있어야 한다. 당신의 삶 속에는 이 두 가지가 있는가? 없다면 그 이유는 무엇이라고 생각하는가?

6. 바울은 빌립보의 성도들을 위해서 기도할 때마다 감사하고 기뻐했던 이유가 무엇인가?(5절) 이것이 당신에게 시사하는 바는 무엇인가?

7. 5절에서 말하는 '참여'가 바로 흔히 말하는 '교제(코이노니아)'이다. 교회 안에서 우리가 추구해야 하는 진정한 코이노니아는 무엇이어야 할지 서로 나누어 보라.

8. 6절에서 말하는 '착한 일(선한 일)'이란 '복음에 참여하는 것'을 말한다. 바울에 의하면 이 일은 우리가 아니라 하나님께서는 예수의 날까지 이루신다. 이를 확신하고 사는 우리는 어떠한 삶을 살아야 할까?

9. 바울은 빌립보교회 성도들을 어떻게 사랑하고 있는가?(8절) 이 말의 의미는 무엇이라고 생각하는가?

10. 바울이 빌립보교회 성도들을 이처럼 사랑하는 이유가 무엇인가?(7절) 당신은 한 공동체의 지체들을 어떤 이유로 사랑하고 있는지 나누어 보라.

11. 빌립보 교인들을 사랑한 바울이 그들을 위해서 한 일은 무엇인가? 그리고 그 내용은 구체적으로 어떤 것인가?(9절)

12. 지식과 총명으로 사랑이 풍성해지면 어떤 일이 일어나는가? 각각의 의미를 자신의 말로 설명해 보자(10,11절).

① 10절 상반절 :

② 10절 하반절 :

③ 11절 :

13. 지식과 총명으로 사랑이 풍성하여진 이런 삶은 우리 힘으로 되는 것이 아니라는 것이 바울의 결론이다. 누구로 인해 가능한 일인지, 그리고 이 말의 의미는 무엇인지 나누어 보라(11절).

|다짐하기|

14. 사랑이 풍성한 삶을 위해서 우리는 지식과 총명이 점점 더 풍성해 지는 삶을 살아야 한다. 이번 한 주간 이 두 가지를 풍성하게 하기 위한 구체적인 계획을 세워보라.

지식 (하나님의 말씀)	총명 (복음에 참여하는 삶을 분별)

|관점얻기|

빌립보서의 목적

목회에 관한 주제를 다룬 디모데전,후서나 디도서와는 달리 빌립보서와 골로새서는 성도들의 일상적인 보편적 주제들을 다루고 있다. 바울은 빌립보교회 성도들이 바울을 위해 보낸 에바브로디도가 하나님의 은혜로 병이 회복되었으며, 얼마나 헌신적으로 자신을 섬겼는지를 전하면서 그를 따뜻이 영접해 줄 것을 부탁한다. 그러면서 동시에 걱정하는 빌립보 교인들에게 자신의 상황과 복음의 진보를 알리며, 보낸 헌금에 감사하기 위해서, 뿐만 아니라 성도들로 하여금 한마음이 되도록 권면하고, 유대인들의 악한 선전술에 대응하도록 하기 위해서 이 편지를 썼다.

빌립보 에피소드(Episode of Philippi)

바울은 빌립보에서 가이사가 아닌 예수를 퀴리오스(主)로 전함으로 데살로니가에서와 같이 고소를 당한다(행17:7). 빌립보에는 정착민 대부분이 로마 시민들이었기 때문에 유대인 남자 10명이라는 정족수가 모자라 회당이 없었고 그래서 매 안식일마다 이방인 여자들이 모여 기도모임을 한다는 강가로 갔다. 거기서 자주 장사 루디아를 만난다. 당시 자줏빛 옷감은 사치품으로 루디아는 상당한 재력가였을 것으로 추측된다. 며칠 뒤 기도 강가로 가다가 귀신들린 여자 아이를 만나게 되어 고쳐준다.

이로 인해 고소를 당하게 된 바울은 정치적 오해로 매를 맞고 투옥되지만, 기적적인 방법으로 구출되게 되고 이것을 본 간수(看守)가 가족과 함께 예수를 믿게 된다.

성도의 은혜와 평강(1~2절)

바울은 수신자를 '모든 성도와 리더들(감독들과 집사들로)'로 규정한다. 여기서 '성도(하기오스)'는 '하나님께 드려진 바 되어서 세상과 구별된 것'을 의미한다(성전에서 사용한 집기들이 거룩한 이유와 같다). 즉 도덕적 개념이 아니라 연합의 개념이기 때문에 바울은 성도를 '그리스도 안에서'라는 말로 수식한다. 성도는 거룩하기 때문이 아니라 구별되어졌기 때문에 거룩하게 살아야 하는 존재다. 당시 헬라 편지의 서두 인사는 보통 '~에게 기쁨(카이레인)이 있기를'인데, 바울은 그 대신 '은혜(카리스)'와 유대교적 인사인 '샬롬'의 헬라어역인 '평강(에이레네)'을 사용한다. '은혜'는 '대속적 죽음으로 인해 주어진 구원과 현재와 미래에 있을 구원의 모든 결과로 하나님의 무조건적 자비'를 의미하고, '평강'은 '예수 그리스도를 통해 주어진 하나님과의 화해된 삶'을 의미한다. 평강은 은혜로 말미암아 주어지는 것이며, 따라서 모든 성도에게 있어야 하는 것이다.

바울의 감사(3~6절)

3,4절의 보다 구체적인 의미는 "나는 기도할 때마다 여러분 모두를 기억하여 감사합니다. 기쁨으로 간구를 드리면서 말입니다."로 볼 수 있다. 바울의 감사는 '간구'와 '기쁨', 그리고 '반복'되는 개념이 포함된다. 5절의 '첫날부터' 라는 말은 '마게도냐 지방에 건너가 처음 복음을 전한 날부터'라는 뜻이다. 바울의 감사의 구체적인 이

유는 빌립보 성도들이 '복음을 위한 일에 참여함' 때문이다(5절). 여기서 '참여함'이 바로 '교제(코이노니아)'다. 교제란 '복음 선포에 믿음으로 반응하는 것'이며, 결국 복음적 삶에 동참하는 것이다.

6절의 '착한 일'은 '선한 일(good work)'로 '복음에 참여하는 일'을 의미한다. 여기서 '성도의 견인(堅忍,Perseverance of Saints)'에 대한 확신을 갖는다. '견인'의 직접적인 의미는 '하나님이 우리의 구원을 전적으로 견인해 주신다(牽引)'는 의미가 아니라 '하나님의 전적인 구원을 믿음으로 성도는 참고 인내해야 한다(堅忍)'는 교리다. 그 이유는 하나님께서 우리의 구원을 온전히 이루실 것이기 때문이다. 이 견인의 교리는 현재적 시점에서 누군가를 판단하는 도구가 아니라 미래를 바라보며 소망을 갖는 확신의 근거가 된다.

바울의 사랑(7~8절)

7절은 앞 문장에 대한 이유를 나타낸다. 바울은 늘 마음으로 그들을 생각하며 사랑했다(7절). 그 이유는 바울이 복음을 전하다가 매임을 당하고, 법정에서 복음을 변명하고 확정하는 그 자리에 있을 때 빌립보 성도들이 기도로, 헌금으로, 격려와 헌신으로 함께 해 주었기 때문이다(R.P. Martin). 바울은 그들을 '예수 그리스도의 심장'으로 사랑했다(8절). '심장(스플랑크톤)'은 동정심과 연민의 정이 샘솟는 근원으로 2장5절 이하에서 말하고 있는 '예수의 마음(스플랑크톤)'을 의미한다. 그런 정도로 사랑한다는 뜻이다. 사랑의 이유는 그들이 함께 복음을 위하여 함께 해 주었기 때문이고, 사랑의 정도는 예수의 마음과 같이 죽기까지 사랑하는 정도라는 말이다.

바울의 기도(9~11절)

바울은 그들의 사랑이 풍성해지도록 기도한다(9절). 사랑이 풍성해 지는 비결은 '지식과 총명'이 더하는 것이다. '지식(에피그노시스)'은 일반적인 지식(그노시스)보다 완전하고 진보된 지식을 의미하는 것으로 '하나님을 아는 지식'을 말한다. '총명(아이스데시스)'은 '분별력'을 말하는 것으로, 무턱대고 사랑하는 것이 아닌 악에서 선을 가려내는 능력으로, 구체적으로는 복음에 참여하는 삶이 무엇인지 분별하는 것이다.

이렇게 지식과 총명이 겸비된 사랑이 풍성해 지면, 첫째는 지극히 선한 것을 분별하게 된다(10절). '지극히 선한 것'이란 곧 복음에 참여하는 것을 의미한다. 둘째는 진실하여 허물이 없게 된다(10절). 진실은 '복음의 완성'을 의미하는 것으로, 세속에 물들지 않게 자신을 지키고, 다른 사람을 실족하지 않게 성숙한 삶을 사는 것이다. 진실해야 허물이 없어진다.

'그리스도의 날까지'라는 말은 진실과 허물없음이 하루아침에 되는 것이 아니라는 것을 의미한다. 셋째는 의의 열매가 가득하게 된다(11절). '의(디카이오쉬네)'란 '예수를 믿어' 의롭게 되는 것이 아니라 '구원받은 성도의 삶 속에 나타나는 하나님의 뜻과 합치된 삶의 증거'를 말한다. 즉 진리 위에 선 사랑과, 삶 속에서 걸림돌이 되지 않는 태도를 의미한다. 이런 삶의 열매는 우리 힘으로 되는 것이 아니라 '예수 그리스도로 말미암아' 주어지는 것이다. 의의 열매가 가득할 때 하나님께 영광과 찬송이 된다(11절).

|청년 자기 체크리스트|

아래의 체크리스트를 가지고 오늘 소그룹 모임에 임한 자신의 태도를 충분히 점검해 보라.

점검 사항		5	4	3	2	1
준비 및 예습	본 과를 준비하면서 충분히 예습은 하였는가?					
	각 과의 분명한 목적은 알고 모임에 임했는가?					
	성령께서 나를 만지시도록 기도로 준비하였는가?					
	소그룹원들을 위해서 중보하였는가?					
	리더를 위해서 중보하였는가?					
	나를 변화시키실 하나님을 기대하는 마음으로 임했는가?					
참여 및 자세	적극적으로 질문과 대답에 참여했는가?					
	정직하게 자신을 보여주었는가?					
	지체들의 이야기에 사랑의 마음으로 공감적 경청을 하였는가?					
	모임 중 성령의 인도하심을 계속적으로 구했는가?					
	하나님께서 원하시는 것이 무엇인지 분명히 알았는가?					
	발견한 진리를 삶과 인격에 적용하기로 결단했는가?					
	이번주에 중보할 지체를 발견했는가?					
적용 및 결단	자신의 적용이 삶과 인격에 변화를 가져올 만큼 구체적인가?					
	배운 내용이 삶의 상황에 분명히 적용되었는가?					
	소그룹 모임에 대한 만족감이 있었는가?					
	배운 내용을 분명하게 정리했는가?					
	이번 과의 주제와 목적을 분명히 알게 되었는가?					
	삶과 인격의 변화를 위해 기도할 준비가 되어 있는가?					
평가	이번주 총점					

“그러므로 내 사랑하는 형제들아 견실하며 흔들리지 말고 항상 주의 일에 더욱 힘쓰는 자들이 되라 이는 너희 수고가 주 안에서 헛되지 않은 줄 앎이라” (고전 15:58)

- 이번주 생일 맞은 사람은?
- 이번주 소그룹 특이 사항은?
- 다음주 행사는?
- 다음주 전도할 대상은?
- 이번 달 암송 구절과 필독서는?

2과
환경에 지배받지 않는 삶

빌립보서 1장 12~21절

사람은 누구나 환경의 지배를 받는다.
난세의 영웅도 시대의 희생양이 아닌 사람이 없다는 말처럼,
아무리 훌륭한 사람도 반드시 환경에 영향을 받는다.
젊은 날, 우리 삶에도 우리를 좌절하게 하는
환경과 상황이 많다.
시험에 떨어진다든지, 사랑하는 사람에게 거절당한다든지,
믿고 있던 사람에게 배신을 당하고 따돌림을 당한다든지 할 때면
영락없이 우리는 낙심하고 원망한다.
과연 환경에 지배당하지 않는 삶은 살 수 없는 것일까?
본문에 등장하는 바울은 극악한 환경 속에서도 기뻐했던
이상한 사람이었다. 그 비결은 무엇일까?
바울의 이런 삶은 하나님이 기뻐하시는 삶이며,
동시에 우리가 선망하는 '위대한 삶'이다.
환경에 지배당하지 않는 삶의 해법을 찾아서
성경 속으로 들어가 보자.

말씀 암송 | 고린도전서 3장 16절

너희는 너희가 하나님의 성전인 것과 하나님의 성령이 너희 안에 계시는 것을 알지 못하느냐

|다가서기|

1. 지금껏 당신에게 가장 많은 영향을 준 사건은 무엇인가? 그때의 감정과 결과 등을 나누어 보라.

2. 당신이 생각하는 위대한 삶이란 어떤 것인가? 특히 삶의 태도에 대해 중점을 두고 나누어 보라.

|깊이보기| 빌립보서 1장 12~21절

빌립보서 1장 12~26절까지는 빌립보 서신 본론부의 서두 역할을 한다. 사도행전 28장 30절에 의하면 바울은 로마로 압송된 이후 시위대 감옥에 구류되어 있었지만 얼마 후부터 2년 정도는 군영 밖 셋집에 머물러 상당한 자유를 누렸음을 알 수 있다. 자신의 근황을 빌립보 교인들에게 소개하면서 바울은 비록 몸은 투옥되어 있지만 복음이 진전되어 기뻐한다.

심지어 바울의 구류로 인해 어떤 이들은 투기와 분쟁으로 복음을 전했지만, 그럼에도 불구하고 바울은 '그리스도의 전파되는 것'에만 집중하여 감사하고 있다. 환경이 지배하는 인생이 아닌 사명이 지배하는 인생의 본을 보이는 바울을 통해 우리는 복음 안에서 합당한 삶의 태도란 어떤 것인지 알 수 있다.

3. 12절에서 말하고 있는 바울이 '당한 일'이란 구체적으로 어떤 일인가?(13절)

4. 바울이 당한 일에 대해 바울 스스로는 어떻게 생각하고 있는가?(12절) 그렇게 생각하는 이유는 무엇인가?(14절)

5. 바울의 상황은 아무 것도 할 수 없는 상황이다. 하지만 바울의 삶의 태도는 불평이 아니라 오히려 감사다. 당신은 바울과 비교하여 어떤 삶의 태도를 취한다고 생각하는가?

6. 환경에 지배받지 않는 바울의 삶의 특징이 어떤 것인지 다음의 구절을 보고 박스에서 답을 찾아보라.

① 16절 - □□에 집착하는 삶

② 17절 - □□ 속에서 괴로워하지 않는 삶

③ 18절 - 자신의 형편을 하나님의 □□에 맞추는 삶

사명	노래	관계	용돈
피리	섭리	장사	열쇠

7. 우리도 하나님이 기뻐하시는 삶을 살려면 '사명', '관계', '섭리'의 관점에서 자신의 삶을 보는 연습을 해야 한다. 이 세 가지 관점으로 당신의 삶을 옆에 있는 지체에게 나누어 보라.

8. 우리는 자주 환경이나 상황 때문에 좌절한다. 그 이유가 무엇이라고 생각하는가? 어떻게 하면 환경에 지배받지 않는 삶을 살 수 있을지 나누어 보라.

9. 바울은 힘겨운 환경 속에서도 기뻐하는 삶을 살았다(18절). 바울의 기쁨의 이유가 무엇인지 찾아 확인해 보라.

① 19절 – 구원의 □□ 때문

② 20절 – 진정한 인생의 □□ 을 발견했기 때문

③ 21절 – 삶의 □□□ 이 그리스도께 있음을 깨달았기 때문

10. 환경의 지배를 받지 않는 사람은 기쁨의 사람이고, 이 기쁨은 첫째 '구원의 확신'이 명확한 사람에게 주어진다. 당신은 오늘 밤에 죽어도 구원받을 확신이 있는가? 없다면 그 이유는 무엇인가?

11. 환경에 지배를 받지 않으려면 둘째로 '인생의 목적'이 무엇인지를 명확히 해야 한다. 당신의 인생의 목적은 무엇인가? 바울의 목적과 비교하여 어떤 공통점과 차이점이 있는지 나누어 보라.

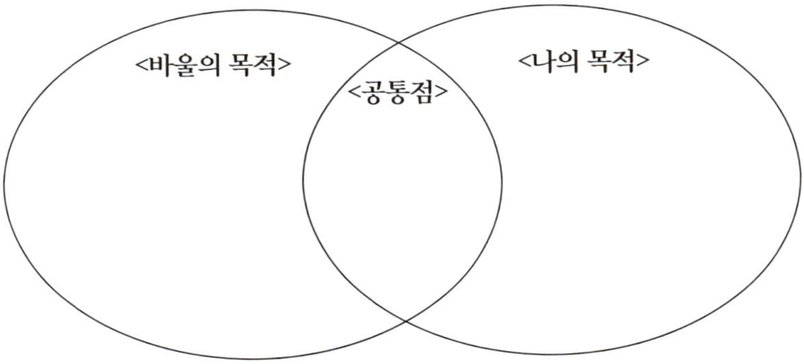

12. 환경에 지배를 받지 않는 삶은 셋째, '삶의 주도권이 내가 아니라 그리스도께 있음'을 확실히 아는 것이다. 당신은 당신의 인생을 주도하시는 분이 그리스도이심을 확실히 믿는가? 그런 사람의 삶의 특징은 어떠해야 한다고 생각하는가?

|다짐하기|

13. 환경에 지배받지 않는 삶을 살기 위해 당신이 구체적으로 할 수 있는 일은 무엇인지 실현 가능한 것들을 정하고 소그룹원들에게 나누어 보라.

사명에 집착하는 삶	관계 속에 괴로워하지 않는 삶	자신의 형편을 하나님의 섭리로 보는 삶

|관점얻기|

바울의 상황과 태도(12~14절)

빌립보서 1장12절부터 4장20절까지는 본 서신의 본론 부분으로 12~26절까지는 바울 자신의 상황과 자세를 피력(披瀝)하고 있다. 바울은 로마 군병들조차도 보직받기를 싫어하는 감옥에 미결수로 구류 중에 있어 자유롭게 복음을 전하지 못하는 상태다. 하지만 그는 당한 일을 '도리어 복음의 진전(進展)'으로 간주하는 태도를 보인다(12절). 여기서 '진전(프로코페)'은 군대용어로, '원활한 진군을 위해 길을 개척하는 것'을 의미한다(딤전4:15). 바울의 몸은 갇혔으나 복음은 갇히지 않은 것이다. 바울이 이렇게 생각하는 이유는 시위대 안에서 바울로 인해 예수 믿는 사람이 생겼고(13절), 또 형제 중 다수가 겁 없이 하나님의 말씀을 담대히 전하게 되었기 때문이다(14절). 바울은 환경에 지배당하지 않고, 오히려 사명에 지배당하는 삶을 살고 있다. 이것이 하나님이 기뻐하시는 삶이고, 성경이 말하는 위대한 삶이다.

환경에 지배받지 않는 삶의 특징(15~18절)

첫째는 사명에 집착하는 삶을 산다(16절). 바울은 가치 판단의 기준을 '자기 편의'에 두지 않고 '복음의 변증'에 두는 삶을 살았다. 복음은 변하지 않기 때문에 복음을 인생의 가장 큰 변수와 가치로 삼으면 환경에 의해 좌지우지 되지 않는 것이다. 사명에 중심을 두고 사는 견고한 삶은 결코 흔들리지 않는다.

둘째는 관계 속에서 괴로워하지 않는다(17절). '다툼(에리데이아)'은 '방적공(紡績工)', '털실 직공'이라는 의미로, 일 자체에는 전혀 관심이 없고 오로지 품삯에만 관심이 있는 자를 지칭하는 말이다. 전체적인 뉘앙스를 보면, 바울은 불순한 동기를 가진 자들과의 관계에도 불구하고 전혀 괴로워하지 않고 있다. 바울에게는 복음에 대한 순수함이 있었기 때문이다.

셋째는 자신의 형편을 하나님의 섭리로 보아 항상 기뻐한다(18절). 바울은 환경을 판단하는 기준을 '자기 생각'이 아니라 그것을 통해 하나님의 뜻을 이루실 '하나님의 섭리'에 두고 있다. 그렇기 때문에 어떤 형편에서도 하나님께서 모든 일을 합력하여 선을 이루실 것을 기대할 수 있는 것이다.

기쁨의 이유(19~21절)

첫째는 어려운 형편에서도 반드시 구원받을 확신을 가졌기 때문이다(19절). 19절의 '이것'은 '바울의 투옥된 현실'을 말한다. 그런 와중에도 성도들의 간구와 성령의 도우심으로 구원에 이를 줄을 알고 감사하는 것이다. 여기서 '구원'은 '현재적 석방'과 '종말적 구원' 모두를 의미한다고 보아도 무방하다.

둘째는 진정한 인생의 목적을 발견했기 때문이다(20절). 바울의 목적은 '그리스도가 존귀하게 되는 것'이다. 투옥된 고난 중에도 바울은 오히려 '간절한 기대와 소망'을 더 분명히 말한다. 믿음으로 하나님의 약속을 붙들고 진정한 소망을 바라보고 있다.

셋째는 삶의 주도권이 그리스도에게 있음을 알았기 때문이다(21

절). "이는 내가 사는 것이 그리스도니 죽는 것도 유익함이니라."는 말은 내 삶의 주인이 그리스도이므로 어떤 형편에라도 감사할 수 있다는 뜻이다(갈2:20). 죽든 살든 그의 인생은 그리스도의 영광이 될 것이라는 확신이다. 바울은 이 사실을 시체가 썩어가고 피 비린내가 나는 죽음의 장소에서 깨달는다. 환경이 우리를 지배하는 것이 아니라 믿음이 우리를 지배하는 것이다.

|청년 자기 체크리스트|

아래의 체크리스트를 가지고 오늘 소그룹 모임에 임한 자신의 태도를 충분히 점검해 보라.

	점검 사항	5	4	3	2	1
준비 및 예습	본 과를 준비하면서 충분히 예습은 하였는가?					
	각 과의 분명한 목적은 알고 모임에 임했는가?					
	성령께서 나를 만지시도록 기도로 준비하였는가?					
	소그룹원들을 위해서 중보하였는가?					
	리더를 위해서 중보하였는가?					
	나를 변화시키실 하나님을 기대하는 마음으로 임했는가?					
참여 및 자세	적극적으로 질문과 대답에 참여했는가?					
	정직하게 자신을 보여주었는가?					
	지체들의 이야기에 사랑의 마음으로 공감적 경청을 하였는가?					
	모임 중 성령의 인도하심을 계속적으로 구했는가?					
	하나님께서 원하시는 것이 무엇인지 분명히 알았는가?					
	발견한 진리를 삶과 인격에 적용하기로 결단했는가?					
	이번주에 중보할 지체를 발견했는가?					
적용 및 결단	자신의 적용이 삶과 인격에 변화를 가져올 만큼 구체적인가?					
	배운 내용이 삶의 상황에 분명히 적용되었는가?					
	소그룹 모임에 대한 만족감이 있었는가?					
	배운 내용을 분명하게 정리했는가?					
	이번 과의 주제와 목적을 분명히 알게 되었는가?					
	삶과 인격의 변화를 위해 기도할 준비가 되어 있는가?					
평가	이번주 총점					

"그러므로 내 사랑하는 형제들아 견실하며 흔들리지 말고 항상 주의 일에 더욱 힘쓰는 자들이 되라 이는 너희 수고가 주 안에서 헛되지 않은 줄 앎이라" (고전 15:58)

- 이번주 생일 맞은 사람은?
- 이번주 소그룹 특이 사항은?
- 다음주 행사는?
- 다음주 전도할 대상은?
- 이번 달 암송 구절과 필독서는?

3과
함께 함의 열매

빌립보서 1장 22~26절

우리는 흔히 삶의 반대말을 죽음이라고 생각한다.
대부분의 청년들은 죽음이란 잠과 비슷한 것으로 생각하여
죽으면 아무 생각도 없고 의식도 없다고 생각한다.
그래서 삶이 고달프면 죽으면 그 고달픔이 끝난다고 생각한다.
과연 성경에서도 죽음을 끝으로 설명하고 있을까?
성경에서 말하는 죽음이란 영혼과 육체가
분리되어 존재하는 중간적 단계다.
영혼과 육체가 함께 새 하늘과 새 땅에 있기까지
중간적 단계로 존재하는 방식이 죽음이다.
그래서 바울은 이 삶과 죽음의 공통분모가 있음을 말한다.
그것은 '함께 함'이다.
삶은 사랑하는 성도들과 함께 함이고,
죽음은 사랑하시는 주님과 함께 함이다.
이 두 종류의 함께 함에는 각각의 목적이 있다.
이 함께 함의 목적이 무엇인지 확인해 보자.

말씀 암송 | 고린도전서 3장 16절

너희는 너희가 하나님의 성전인 것과 하나님의 성령이 너희 안에 계시는 것을 알지 못하느냐

|다가서기|

1. 당신은 늘 함께 하고 싶은 사람이 있는가? 그 이유는 무엇인지 설명해 보라.

2. 당신이 생각하는 '생(生)과 사(死)의 정의'는 무엇인가? 그렇게 정의내린 이유는 무엇인지 나누어 보라.

|깊이보기| 빌립보서 1장 22~26절

바울은 두 가지 마음 사이에 끼어 무엇을 선택할지 모르겠다고 말한다. 하나의 마음은 죽어 주님과 함께 하고 싶은 마음이고, 또 다른 하나의 마음은 성도들과 함께 하고 싶은 마음이다. 둘 다 자신에게 유익하고, 개인적으로는 죽어 주님과 함께 하고 싶은 마음이 더 크다. 하지만 바울은 살아 성도들과 함께 하기로 결정한다. 그것에는 두 가지의 큰 이유가 있다. 이 이유는 우리가 이 땅에서 형제들과 함께 함의 목적이 되기도 하고 신앙의 열매가 되기도 한다.

3. 22절에서 바울이 말하는 열매는 무엇을 의미하는가? 이 말의 의미는 무엇인가?(22절)

4. 바울의 삶이 열매라는 말은 열매 맺게 하는 양분이 있다는 비유이다. 바울의 사명적 삶이라는 열매를 맺게 한 양분은 무엇이라고 생각하는가?(11,8절)

5. 바울은 지금 둘 사이에 끼어 갈등하고 있다. 이 둘은 무엇인지, 이 갈등은 어떤 종류의 갈등인지 살펴보라(23,24절).

6. 23절의 '떠난다(아날뤼오)'는 말은 '군대가 다른 장소로 이동하기 위해 막사를 걷다'라는 뜻이다. 이를 통해 우리는 성경이 말하는 죽음이 무엇인지 간접적으로 이해할 수 있다. 성경이 말하는 죽음을 정의 내려 보고, 그 이유도 설명해 보라.

7. 당신은 삶과 죽음을 무엇이라고 생각하는가? 성경의 관점과 무엇이 다른지 나누어 보라.

8. 25절은 바울이 빌립보 성도들과 함께 해야 하는 첫 번째 이유를 설명하고 있다. 그것은 무엇이며, 그 의미는 무엇인지 나누어 보라(25절).

9. 형제가 함께하고 동역하는 것은 이와 같은 목적이 있다. 당신은 공동체 안에서 형제와 함께 하며 이런 드 가지 목적을 이루고 있는가? 그렇지 않다면 그 이유는 무엇인가?

10. 26절에서는 바울이 그들과 함께 있어야 하는 두 번째 이유를 말한다. 그것은 무엇이며 그 의미는 무엇인지 나누어 보라(26절).

11. 우리가 형제와 함께하는 것은 그리스도를 보다 풍성하게 자랑하기 위해서이다. 우리 공동체는 그리스도를 자랑하는 공동체라고 생각하는가? 그렇지 않다면 그 이유는 무엇인가?

12. 오늘 배운 것을 통해 삶과 죽음을 자기 말로 정의해 보라. 삶과 죽음의 공통점은 무엇인지, 어떻게 하는 것이 삶과 죽음을 가장 가치 있게 만드는 것인지도 나누어 보라.

|다짐하기|

13. 형제와 함께하는 삶의 열매는 믿음의 진보와 기쁨, 풍성한 자랑이다. 이런 열매를 위해서 내가 할 수 있는 구체적인 것들은 무엇이 있는지 생각해 보고 나누어 보라.

|관점얻기|

삶이라는 열매와 사랑이라는 양분(養分)(22절)

열매란 식물의 뿌리가 수분을 빨아들이고, 잎이 광합성(photo-synthesis)을 해서 최종적으로 만들어 내는 결과물이다. 바울은 자기 일의 열매를 '육신으로 사는 것'이라고 말한다. 이는 '육체 가운데 사는 것'이란 뜻으로 죄 가운데 거하는 것을 말하는 것이 아니라 육체를 입고 사는 삶을 말한다. 이 말은 21절에서 말하는 '죽는 것'과 대비되는 개념이다. '내 일의 열매일진대'는 공동번역에서는 '보람 있는 일을 할 수 있다면'으로 번역하는데, 이는 그냥 살아 있는 것을 의미하는 것이 아니라 복음 전파를 통해 사람들을 구원하는 사명적 삶을 말한다.

대부분의 삶은 마지못해 사는 삶이고, 세상에 던져졌으니 사는 삶이다. 하지만 바울은 열매로서의 삶을 산다. '열매로서의 삶'은 성숙을 전제한다. 그리스도인의 성숙은 단순한 생각의 변화나 은혜받아 흐르는 눈물이 아니다. 그리스도인의 열매는 바로 삶의 변화이다. 우리의 인생이 열매가 되려면 양분이 필요하다. 그 양분은 바로 그리스도로부터 받은 사랑이며(11절), 그로 인한 바울의 빌립보 교인들을 향한 사랑이었다(9절). 사랑이 우리를 성숙케 한다. 열매로서의 삶은 사랑이라는 양분을 통해 주어진다.

그리스도와 함께 함(23,24절)

바울은 '살아 복음을 전하는 것'과 '죽어 그리스도와 함께 있는 것' 사이에 끼어 무엇을 선택해야 할지 몰라 한다. '끼었다(쉬네코마이)'는 현재 수동태로 '양편에서 포위당하여 옴짝달싹하지 못하는 사면초가(四面楚歌)의 상태'를 말한다(눅19:43). 하지만 그의 기본적인 바람은 '세상을 떠나서 그리스도와 함께 하는 것'이다. 여기서 '떠난다(아날뤼오)'는 원래 군대가 다른 지역으로 이동하기 위해 막사를 걷을 때 사용하는 말이다. 성경에서 말하는 우리의 생명은 잠시잠깐 필요한 장막의 삶과 같다. 바울은 '죽음'을 끝으로 보지 않고 '그리스도와의 영원한 연합으로 이루어지는 교제'에 초점을 두고 설명한다. 그럼에도 불구하고 바울은 '육신으로 있는 것'이 빌립보 성도들을 위하여 더 유익할 것이라고 말한다(24절).

형제와 함께 함(25,26절)

바울은 자신이 살 것과 빌립보 성도들과 함께 거할 것을 확신했다(25절). 그 이유는 그들의 '믿음의 진보와 기쁨'을 위해서다. 이것이 바울이 그들과 함께 함의 첫 번째 이유다. '진브(프로코페)'는 12절에서 언급한 '진전'과 같은 말로, '믿음의 진보'란 복음으로 인한 성숙이다. 지식과 총명으로 풍성하여지는 사랑(9절)과 선한 것을 분별함(10절), 그리고 의의 열매(11절)가 가득하게 되는 것을 말한다. '기쁨(카란)'이란 바울과 함께 함으로 갖게 되는 기쁨이 아니라 '믿음의 진보로 인해 오는 기쁨'을 의미한다. 형제의 동역이 믿음의 진보를 가져오고, 믿음의 진보는 주 안에서 기쁨을 가져온다.

두 번째 그들과 함께 함의 이유는 '풍성한 자랑'이다(26절). '자랑

(카우케마)'은 '그리스도 예수 안에' 있는 자랑이다. 이 '자랑(카우케마)'이라는 단어는 행위를 나타내는 '카우케시스'라는 단어와 달리 대상을 강조하는 단어다. 즉 이 자랑은 바울이 그들과 함께 함으로 인해 그리스도를 자랑할 것이 풍성해질 것이라는 말이다.

삶 : 죽음 = 성도와 함께 함 : 하나님과 함께 함

바울의 죽음에 대한 개념은 전혀 끝의 개념이 아니다. 처음부터 끝까지 '함께 함'의 개념으로 설명한다. 바울에게 이생에서의 삶이란 사랑하는 성도들과의 함께 함이고, 죽음이란 내생에서 하나님과의 함께 함이다. 이 땅에서 성도들과 함께 함의 목적도 장차 함께 할 예수 그리스도를 자랑하고 그를 드러내는 것이다. 바울의 생사관(生死觀)은 철저하게 '함께 함'의 개념이다. 궁극적인 지향점은 장차 영원히 함께 할 그리스도께 맞춰져 있다. 바울에게 삶과 죽음은 모두 함께 하시는 그리스도를 드러내는 것이다.

|청년 자기 체크리스트|

아래의 체크리스트를 가지고 오늘 소그룹 모임에 임한 자신의 태도를 충분히 점검해 보라.

	점검 사항	5	4	3	2	1
준비및예습	본 과를 준비하면서 충분히 예습은 하였는가?					
	각 과의 분명한 목적은 알고 모임에 임했는가?					
	성령께서 나를 만지시도록 기도로 준비하였는가?					
	소그룹원들을 위해서 중보하였는가?					
	리더를 위해서 중보하였는가?					
	나를 변화시키실 하나님을 기대하는 마음으로 임했는가?					
참여및자세	적극적으로 질문과 대답에 참여했는가?					
	정직하게 자신을 보여주었는가?					
	지체들의 이야기에 사랑의 마음으로 공감적 경청을 하였는가?					
	모임 중 성령의 인도하심을 계속적으로 구했는가?					
	하나님께서 원하시는 것이 무엇인지 분명히 알았는가?					
	발견한 진리를 삶과 인격에 적용하기로 결단했는가?					
	이번주에 중보할 지체를 발견했는가?					
적용및결단	자신의 적용이 삶과 인격에 변화를 가져올 만큼 구체적인가?					
	배운 내용이 삶의 상황에 분명히 적용되었는가?					
	소그룹 모임에 대한 만족감이 있었는가?					
	배운 내용을 분명하게 정리했는가?					
	이번 과의 주제와 목적을 분명히 알게 되었는가?					
	삶과 인격의 변화를 위해 기도할 준비가 되어 있는가?					
평가	이번주 총점					

"그러므로 내 사랑하는 형제들아 견실하며 흔들리지 말고 항상 주의 일에 더욱 힘쓰는 자들이 되라 이는 너희 수고가 주 안에서 헛되지 않은 줄 앎이라" (고전 15:58)

- 이번주 생일 맞은 사람은?
- 이번주 소그룹 특이 사항은?
- 다음주 행사는?
- 다음주 전도할 대상은?
- 이번 달 암송 구절과 필독서는?

4과
복음에 합당한 삶

빌립보서 1장 27~30절

시험에 합격하려면 필요한 것이 많다.
열심히 공부해야 하고, 합격에 대한 결의도 필요하다.
하지만 더 없이 필요한 것 중의 하나가
어떤 시험인지를 아는 것이다.
어떤 문제가 출제되고, 이 시험을 통해서
무엇을 가늠하기를 원하는지를 모르면
시험에 합격하기 어렵다.
그렇기 때문에 시험을 준비하는 사람은
사전에 이런 것들을 잘 확인하고 알아보아야 한다.
신앙생활도 마찬가지다.
바울은 우리에게 복음에 합당한 삶을 살라고 말한다.
그렇다면 과연 복음의 합당한 삶이란 무엇인지,
구체적으로 어떻게 사는 것인지를 확인해야 한다.
오늘 본문은 복음에 합당한 삶은
어떻게 사는 것인지에 대한 교훈을 준다.

말씀 암송 | 이사야 41장 10절

두려워하지 말라 내가 너와 함께 함이라 놀라지 말라 나는 네 하나님이 됨이라 내가 너를 굳세게 하리라 참으로 너를 도와주리라 참으로 나의 의로운 오른손으로 너를 붙들리라

|다가서기|

1. 출제 경향을 몰라 시험에 낭패를 본 적이 있는가? 그때의 상황과 그 일로 배운 점 등이 있다면 나누어 보라.

2. 당신은 복음에 합당한 삶이 무엇이라고 생각하는가?

|깊이보기| 빌립보서 1장 27~30절

1장 27절에서 2장 30절까지는 '복음에 합당한 삶을 살 것에 대한 권면과 모범'을 제시한다. 이 내용의 첫 문단인 1장 27~30절까지는 바울이 복음에 합당하게 살 것을 총체적으르 권면한 후 이를 위해서는 하나님 나라의 시민으로서, 교회 공동체의 일원으로서 협력하는 것이 필요하며, 동시에 당시 바울을 대적했던 자들을 두려워하지 말고 담대하여 고난을 끝까지 인내하는 것이 필요하다고 말한다.

3. '생활하라'는 말에는 시민으로서의 자부심을 갖고, 공동체의 이익을 위해 살라는 두 가지 개념이 포함되어 있다. 이런 맥락에서 '복음에 합당하게 생활하는 것'을 정의해 보라(27절).

4. 27,28절은 복음에 합당하게 사는 두 가지 방법을 말한다. 첫 번째 것은 무엇이며, 그 의미는 무엇이라고 생각하는가?(27절)

5. 당신의 삶은 복음에 합당한 삶인가? 그렇지 못하다면 그 이유는 무엇이며, 무엇이 가장 큰 걸림돌인 것 같은가?

6. 복음에 합당하게 사는 두 번째 방법은 무엇인가? 그 의미는 무엇이라고 생각하는가?(28절 상반절)

7. 믿음으로 사는 사람들을 대적하는 자들을 왜 두려워하지 말라고 이야기하는가?(28절 하반절)

8. 당신이 두려워하는 것은 무엇인가? 혹시 그것이 믿음으로 살려고 하는 당신의 사기를 떨어뜨리는 것은 아닌지 생각해 보고 어떻게 하면 극복할 수 있을지 나누어 보라.

9. 29절에서는 하나님께서 주신 은혜에는 두 가지 목적이 있다고 말한다. 그 첫 번째 목적은 무엇인가?

10. 은혜를 주신 두 번째 목적은 무엇인가? 그 의미가 무엇이라고 생각하는가?(29절)

11. 하나님의 은혜는 믿음과 고난을 함께 담보로 한다. 이 말이 당신에게 시사하는 바는 무엇인가?

12. 바울은 자신의 고난을 빌립보 성도의 고난과 같은 것이라고 말한다. 30절에서는 어떤 단어를 사용하여 이 사실을 묘사하고 있는가? 그 의미는 무엇이라고 생각하는가?(30절)

|다짐하기|

13. 복음에 합당하게 살기 위해 당신이 구체적으로 해야 할 것을 정리해서 나누어 보라.

동역하기	두려워하지 않기

|관점얻기|

복음에 합당하게 삶(27절)

'생활하라(폴리튜오)'는 '시민생활(폴리테이아)'라는 동사에서 유래되었다. 당시 빌립보는 로마의 전역 군인들이 상당수 정착한, '트라케'라는 야만 민족과 접한 로마의 식민 도시였기 때문에 로마 시민이라는 자부심과 충성심이 대단한 도시였다. 당시 헬라적 개념으로서의 시민은 자신의 이익이 아니라 공동체의 이익을 위해 권리와 책임을 이행하며 산다는 개념이었다. 바울이 이 그림을 사용하여 하나님 나라의 시민처럼 살아야 한다고 말하는 것이다.

그러므로 복음에 합당하게 살라는 것은 기본적으로 개인적인 삶이 아니라 공동체 가운데 속한 삶을 산다는 것이며, 더 구체적으로는 복음을 가진 자로 사랑과 소명의 삶을 살라는 말이다.

한 마음과 한 뜻으로 협력하는 삶(27절)

이것이 복음에 합당하게 사는 첫 번째 방법이다. '서다(스테코)'는 말은 '치열한 전투 속에서도 초소를 떠나지 않고 끝까지 지켜내는 군인의 용기'를 말한다. '복음의 신앙'을 지켜내는 것은 이처럼 대적들 앞에서도 굴하지 않고 확고하게 버티는 것을 말한다. 이 일은 '한 마음과 한 뜻으로 협력하는 것'을 통해 가능하다. '협력(쉬나들레오)'는 '어깨를 나란히 맞대고 방패를 들고 서서 다가오는 적을 맞는 것'을 의미한다. '협력'은 빌립보서에서 가장 부각되는 주제다. 빌립보서의 주제는 '기쁨'이라기보다 '협력'으로 봐야 한다.

동역할 때 기쁨이 주어지는 것이다.

두려워하지 않는 삶(28절)

'대적하는 자들로 인해 두려워하지 않는 것'이 복음에 합당하게 사는 두 번째 방법이다. 이 대적자들은 빌립보 성도들을 핍박했던 이교도들(행16:19~21)이거나 교회 안에 있었던 유대 율법주의자들(빌3:2), 혹은 반도덕주의자들(빌3:18,19)일 것으로 추측된다. '두려워하다'라는 말은 신약에서 유일하게 이곳에서 사용된 군사용어로 '달리는 말이 장애물이나 적군을 만나 두려워서 움찔하는 것'을 묘사하는 말이다. 28절의 '이는'은 '멸망의 증거'나 '구원의 증거'가 아니라 '두려워하지 않는 태도'를 지칭하는 것으로 보는 것이 가장 타당하다(W. Hendriksen).

은혜를 주신 목적(29,30절)

하나님께서 빌립보 성도들에게 은혜를 주신 목적은 두 가지다. 첫째는 그리스도를 믿도록 하기 위해서고, 둘째는 그를 위하여 고난도 받게 하기 위해서다. '그를 위하여 받는 고난'이란 말은 '그를 대신하여'라는 뜻이 아니라 성도가 그리스도께 받은 믿음을 지켜 살 때 찾아오는 고난을 의미한다. 바울은 믿음과 고난이 동일한 하나님의 선물임을 명확히 하고 있다(요16:33, 17:14). 그래서 '같은 싸움'이라는 표현으로 빌립보 성도들의 고난과 자신의 고난을 동일시한다(30절). 고난도 하나님께서 주신 것이기에 좌절하지 않고 싸워나가는 것이다. '본 바'는 부정 과거형이고, '듣는 바'는 현재형이다. 과거뿐 아니라 현재까지도 고난에 직면해 있지만 바울은 믿음에 서서 굳건히 싸워 나가고 있음을 성도들에게 본을 보였다.

|청년 자기 체크리스트|

아래의 체크리스트를 가지고 오늘 소그룹 모임에 임한 자신의 태도를 충분히 점검해 보라.

	점검 사항	5	4	3	2	1
준비 및 예습	본 과를 준비하면서 충분히 예습은 하였는가?					
	각 과의 분명한 목적은 알고 모임에 임했는가?					
	성령께서 나를 만지시도록 기도로 준비하였는가?					
	소그룹원들을 위해서 중보하였는가?					
	리더를 위해서 중보하였는가?					
	나를 변화시키실 하나님을 기대하는 마음으로 임했는가?					
참여 및 자세	적극적으로 질문과 대답에 참여했는가?					
	정직하게 자신을 보여주었는가?					
	지체들의 이야기에 사랑의 마음으로 공감적 경청을 하였는가?					
	모임 중 성령의 인도하심을 계속적으로 구했는가?					
	하나님께서 원하시는 것이 무엇인지 분명히 알았는가?					
	발견한 진리를 삶과 인격에 적용하기로 결단했는가?					
	이번주에 중보할 지체를 발견했는가?					
적용 및 결단	자신의 적용이 삶과 인격에 변화를 가져올 만큼 구체적인가?					
	배운 내용이 삶의 상황에 분명히 적용되었는가?					
	소그룹 모임에 대한 만족감이 있었는가?					
	배운 내용을 분명하게 정리했는가?					
	이번 과의 주제와 목적을 분명히 알게 되었는가?					
	삶과 인격의 변화를 위해 기도할 준비가 되어 있는가?					
평가	이번주 총점					

"그러므로 내 사랑하는 형제들아 견실하며 흔들리지 말고 항상 주의 일에 더욱 힘쓰는 자들이 되라 이는 너희 수고가 주 안에서 헛되지 않은 줄 앎이라" (고전 15:58)

- 이번주 생일 맞은 사람은?
- 이번주 소그룹 특이 사항은?
- 다음주 행사는?
- 다음주 전도할 대상은?
- 이번 달 암송 구절과 필독서는?

5과
하나 됨의 길

빌립보서 2장 1~11절

인간은 동물들과 다르다.
그래서 태어나면 반드시 누군가의 도움을 받아야 한다.
커서는 다른 사람을 만나 사랑을 나누고
함께 해야 인생이 완성된다.
혼자서는 갈 수 없는 길이 인생이다.
그래서 우리의 성향이나 기질과 상관없이
우리는 혈혈단신 무인도에서는 살 수가 없는 것이다.
청년들의 함께함의 모습은 온라인상에서도 드러난다.
이처럼 함께하지 않으면 결코 행복할 수 없는 존재가 인간이다.
함께함의 목적은 온전히 하나 됨이다.
신앙적으로도 우리가 온전히 하나님과 하나 되고,
서로 하나가 될 때 그것이 하나님께 기쁨이 된다.
함께하지 않으면 살아갈 수 없는 우리는
동시에 하나 되지 못해서 힘들어질 때가 많다.
어떻게 하면 온전히 하나 될 수 있을까? 그 방법을 알아 보자.

말씀 암송 | 이사야 41장 10절

두려워하지 말라 내가 너와 함께 함이라 놀라지 말라 나는 네 하나님이 됨이라 내가 너를 굳세게 하리라 참으로 너를 도와주리라 참으로 나의 의로운 오른손으로 너를 붙들리라

|다가서기|

1. 당신은 어떤 사람이 당신과 가장 잘 어울린다고 생각하는지 한 가지만 나누어 보라. 그리고 그렇게 생각하는 이유는 무엇인가?

2. 당신은 교회 안에서 온전히 하나 되는 것이 무엇이라고 생각하는가?

|깊이보기| 빌립보서 2장 1~11절

2장 1절은 앞 문장에서 말한 '복음에 합당하게 살라'에 대한 결과로 주어지는 교훈이다. 2장은 크게 세 단락으로 구성되는데, 1~11절까지는 교회의 하나 됨을 위해 그리스도의 모범을 제시하고, 12~18절까지는 하나님의 자녀로서 구원을 이루도록 권면하고, 19~30절까지는 디모데와 에바브로디도에 대해 다루고 있다. 본문에서는 교회의 하나 됨이 궁극적으로는 하나님의 기쁨이 됨을 말하면서, 하나 됨의 네 가지 조건과 하나 됨을 위한 세 가지 태도에 대해 다루고 있다.

3. 1절은 빌립보 교회에 하나 되는 네 가지 조건이 이미 있음을 전제하고 말하는 것이다. 교회를 하나 되게 하는 네 가지 조건과 그 의미는 무엇이라고 생각하는가?

① 그리스도 안의 □□

② 사랑의 □□

③ 성령의 □□

④ 긍휼이나 □□

4. 2~4절까지는 하나 됨을 위한 성도들의 세 가지 삶의 태도를 말하고 있다. 그 첫 번째 태도는 무엇이며, 어떤 의미라고 생각하는가?(2절)

5. 바울이 말하는 성도의 하나 됨을 위한 두 번째 태도는 무엇이며, 그 의미는 무엇이라고 생각하는가?(3절)

6. 하나 됨을 위한 성도의 세 번째 태도는 무엇이며, 그 의미는 무엇이라고 생각하는가?(4절)

7. 바울은 성도들이 이런 세 가지 삶의 태도를 취할 때 기쁨이 충만하게 된다고 말한다. 당신은 이런 하나 됨을 위한 세 가지 삶의 태도가 있는가? 각각에 대해 어느 정도의 점수를 줄 수 있는지, 그 이유는 무엇인지 나누어 보라.

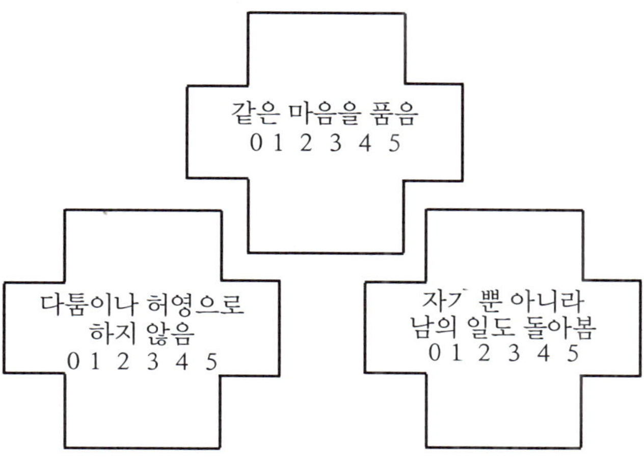

8. 바울은 하나 됨의 자세를 상징적으로 그리스도 예수의 마음이라고 말한다. 바울이 말한 첫 번째 그리스도 예수의 마음은 무엇이며, 그 의미는 무엇이라고 생각하는가?(6절)

9. 두 번째 그리스도 예수의 마음은 무엇이며, 그 의미는 무엇이라고 생각하는가?(7절)

10. 세 번째 그리스도 예수의 마음은 무엇이며, 그 의미는 무엇이라고 생각하는가?(8절)

11. 당신에게는 그리스도 예수의 마음이 있는가? 없다면 그 이유는 무엇이라고 생각하는가?

12. 이런 낮아지는 삶을 사신 예수를 하나님께서 다시 높이신다 (9~11절). 하지만 낮아짐이 높아짐의 수단이 되어서는 안 된다. 낮아짐 자체가 목적이 되는 삶을 살아야 한다. 당신의 삶은 어떤지 예수의 삶에 비교하여 나누어 보라.

|다짐하기|

13. 소그룹원들의 하나 됨을 위해 서로가 할 수 있는 구체적인 일이 무엇이 있는지 모두가 하나씩 나누어 보라.

|관점얻기|

하나 됨을 위한 네 가지 조건(1절)

첫째는 '그리스도 안의 권면(파라클레시스)'으로, '곁으로 부르다'라는 '파라칼로오'에서 유래한 말이다. 보혜사 성령을 지칭하는 '파라칼레토스' 역시 이 단어를 어근으로 하고 있다. 둘째는 '사랑의 위로(파라뮈디온)'로 '부드러운 격려'라는 의미이다. 권면이 '그리스도 안'이라는 말로 수식되어 말씀으로 격려 받음을 의미하는 반면, '위로'는 '사랑'의 수식을 받아 위로의 진정한 기초가 사랑이어야 함을 말하고 있다. 셋째는 '성령의 교제(코이노니아)'로 성령 안에서 성도는 한 몸을 이루어 서로의 유익을 위해 섬겨야 함을 의미한다. 넷째는 '긍휼과 자비'로 연민이나 자비와 동정심과 같은 애정(愛情)을 말한다. 1절은 '이 네 가지가 있다면'이라는 가정(假定)이 아니라 이미 빌립보교회에 이런 것들이 있다는 것을 전제로 한 긍정이다(G.F. Hawthorne).

하나 됨을 위한 세 가지 태도(2~4절)

1절의 요소들이 있다는 전제하에 세 가지 태도를 취할 것을 삼중적으로 명령한다. 첫째는 '같은 사랑을 가지고 뜻을 합하여 한 마음을 품는 것'이다(2절). '같은 사랑'이란 교회를 위한 그리스도의 자기희생적 사랑을 말한다. 둘째는 '다툼이나 허영으로 하지 않는 것'

이다(3절). 그 방법은 겸손하여 남을 자기보다 낫게 여기는 것이다. '겸손(타페이노프로쉬네)'은 '자신이 도덕적으로 전혀 무가치하다고 깊이 인식하는 것'을 의미하는데, 당시 헬라 문화에서는 권장되는 덕목이 아니었다. 하지만 그리스도의 제자들은 남을 낫게 여기는 겸손이 덕목이 되었다. '남을 낫게 여기는 것'은 단순히 생각만 그렇게 하는 것이 아니라 매사에 꼼꼼히 살펴 나보다 나은 점을 발견하고 인정하고 높여주라는 말이다. 셋째는 '서로 돌아보는 것'이다(4절). 이 말은 자기보다 다른 사람의 일을 돌아보라는 말이 아니라 자기 일(자기가 맡고 있는 일)뿐만 아니라 남의 일도 돌아보라는 말이다. 바울은 이와 같이 교회가 하나 될 때 그의 기쁨이 충만하게 된다고 강조한다. 이는 곧 예수 그리스도의 기쁨을 대변하는 것으로 주님은 교회가 온전히 하나 될 때 진정으로 기뻐하신다.

그리스도 예수의 마음(5~8절)

하나 되기 위해서는 그리스도 예수 안에 있는 마음을 품어야 한다. 예수의 마음은 첫째, '하나님과 동등 됨을 취할 것으로 여기지 않는 마음'이다(6절). '취하다'는 말은 '탈취하다'는 뜻으로 하나님처럼 되고 싶은 마음을 취할 것으로 여기지 않았다는 말이다. 두 번째 아담 예수께서 '하나님의 본체(모르페)'라는 말은 '하나님의 본질적인 성품과 속성'을 의미하는 말로, '첫 번째 아담이 하나님의 형상(에이콘)'이라는 말과는 전혀 다른 말이다. 첫 번째 아담은 하나님과 동등 되려고 했지만, 두 번째 아담은 동등 됨을 취할 것으로 여기지 않고 낮아지셨다.

둘째는 '자기를 비워 종의 형체를 갖는 마음'이다(7절). 이 말은 '그리스도의 자기비하(케노시스)'를 의미하는 것으로 '그리스도는 하나님의 본체시지만 성육신하심으로 자신의 존재 방식을 변화시켰다'는 말이다(A. Oepke). 쉽게 말하면 두 번째 예수의 마음은 하나님의 뜻을 위해 기꺼이 제한당하는 마음이다. 7절은 '자기를 비웠다'가 주동사이고, 나머지 '종의 형체를 가졌다'와 '사람들과 같이 되었다'는 분사 형태다. '형체(모르페)'는 6절의 '본체'라는 말과 같다.

셋째는 '죽기까지 자신을 낮추시는 마음'이다(8절). 8절은 '낮추시고'가 주동사이고, '나타나셨다'와 '복종하셨다'가 분사형태를 취한다. '사람의 모양(스케마)'으로 나타나셨다는 말은 본체(모르페)는 여전히 완전한 신성을 가지신 분이시지만, 모양(스케마)에 있어서는 완전한 인간으로 제한 당하셨다는 뜻이다. 그렇게 제한 당하신 이유는 십자가 죽음으로 우리의 구원을 이루시기 위해서이다. 궁극적으로는 아버지의 기쁨을 충만케 하기 위해서이다(cf.4절).

그리스도를 높이심(9~11절)

9절부터는 주체가 하나님이 되어 그리스도의 승귀(昇鬼)를 주도하신다. 중요한 것은 그리스도의 비하는 높아짐의 수단이 아니라 그 자체로 목적이라는 점이다. 높아지기 위해서 낮추신 것이 아니라 낮추시고 십자가에 죽으시고 섬기시는 것 자체가 목적이었다는 말이다. 그리스도를 높이심의 목적은 첫째 모든 무릎을 예수의 이름에 꿇게 하시고(10절), 둘째 모든 입으로 예수 그리스도를 주라 시인하게 하기 위함이다(11절).

|청년 자기 체크리스트|

아래의 체크리스트를 가지고 오늘 소그룹 모임에 임한 자신의 태도를 충분히 점검해 보라.

	점검 사항	5	4	3	2	1
준비 및 예습	본 과를 준비하면서 충분히 예습은 하였는가?					
	각 과의 분명한 목적은 알고 모임에 임했는가?					
	성령께서 나를 만지시도록 기도로 준비하였는가?					
	소그룹원들을 위해서 중보하였는가?					
	리더를 위해서 중보하였는가?					
	나를 변화시키실 하나님을 기대하는 마음으로 임했는가?					
참여 및 자세	적극적으로 질문과 대답에 참여했는가?					
	정직하게 자신을 보여주었는가?					
	지체들의 이야기에 사랑의 마음으로 공감적 경청을 하였는가?					
	모임 중 성령의 인도하심을 계속적으로 구했는가?					
	하나님께서 원하시는 것이 무엇인지 분명히 알았는가?					
	발견한 진리를 삶과 인격에 적용하기로 결단했는가?					
	이번주에 중보할 지체를 발견했는가?					
적용 및 결단	자신의 적용이 삶과 인격에 변화를 가져올 만큼 구체적인가?					
	배운 내용이 삶의 상황에 분명히 적용되었는가?					
	소그룹 모임에 대한 만족감이 있었는가?					
	배운 내용을 분명하게 정리했는가?					
	이번 과의 주제와 목적을 분명히 알게 되었는가?					
	삶과 인격의 변화를 위해 기도할 준비가 되어 있는가?					
평가	이번주 총점					

"그러므로 내 사랑하는 형제들아 견실하며 흔들리지 말고 항상 주의 일에 더욱 힘쓰는 자들이 되라 이는 너희 수고가 주 안에서 헛되지 않은 줄 앎이라" (고전 15:58)

- 이번주 생일 맞은 사람은?
- 이번주 소그룹 특이 사항은?
- 다음주 행사는?
- 다음주 전도할 대상은?
- 이번 달 암송 구절과 필독서는?

6과 하나님의 자녀, 세상의 빛

빌립보서 2장 12~18절

이 땅에서 청년 그리스도인은 어떻게 살아야 할까?
과거에는 기독교의 윤리적 덕목이라고 하면
음주와 흡연과 제사를 멀리하는 것이었다.
하지만 시대는 변했고,
그 변화에 따라 이제 기독교의 정체성은
교회의 대사회적 책임이라는 역할로 대두되게 되었다.
이런 시대를 살아가는 우리는 어떤 삶을 살아야 할까?
세상 속에서도 기도하고 말씀보고 예배하면 그만일까?
성경은 구체적인 방법론보다는
보다 원론적인 기준을 이야기해 준다.
오늘 본문을 통해서 흠 없는 하나님의 자녀의 삶은 무엇인지,
어그러지고 거스르는 세상 속에서 빛들로 사는 삶은 무엇인지
바울의 교훈을 통해 확인해 보자.

말씀 암송 | 이사야 41장 10절

두려워하지 말라 내가 너와 함께 함이라 놀라지 말라 나는 네 하나님이 됨이라 내가 너를 굳세게 하리라 참으로 너를 도와주리라 참으로 나의 의로운 오른손으로 너를 붙들리라

|다가서기|

1. 오늘 예수님과 일대일로 50분간 'Tea Time'을 가질 수 있다면 예수님께 무엇을 말씀드리고 싶은가? 그리고 예수님은 당신에게 무엇을 말씀하실 것 같은가?

2. 당신은 예수를 믿는 청년이 이 땅에서 어떻게 사는 것이 가장 잘 사는 것이라고 생각하는가?

|깊이보기| 빌립보서 2장 12~18절

본문은 크게 세 부분으로 나누어 살필 수 있다. 첫째는 12,13절로 우리의 구원을 위해서 우리가 노력해야 하지만, 그 이유는 결국 하나님께서 구원을 이룰 것이기 때문이라는 내용이다. 둘째는 14~16절 상반절까지로 구원을 이루는 삶은 원망과 시비가 없어야 하며, 그렇게 살아야 하는 이유를 두 가지로 설명한다. 끝으로 18절까지로 이런 믿음의 삶이 결국 하나님의 기쁨이 된다는 내용을 바울의 고백적 표현으로 권면하고 있다.

3. 12절은 앞 내용(6~11절)의 결과를 나타내는 문장이다. 12절은 앞의 어떤 내용을 근거로 하여 무엇을 이루라고 말하고 있는가?

4. 바울이 우리의 구원을 이루라고 하면서 말하고 있는 두 가지 자세는 무엇이며, 그 의미는 무엇이겠는가?(12절)

5. 왜 바울은 우리의 구원을 포기하지 말고 계속해서 이루어 가라고 말하는가?(13절)

6. 이러한 바울의 논지를 통해 알 수 있는 구원의 바른 이해는 무엇인지 고르고 그 이유를 나눠보자(12,13절)

① 구원은 하나님께서 이루시는 것이기 때문에 우리가 아무것도 할 필요가 없다.
② 구원은 우리의 열심과 노력으로 이루지 않으면 안 된다.
③ 구원은 하나님께서 온전히 이루시는 것이지만, 우리가 아무 것도 하지 않아도 되는 것은 아니다.
④ 구원은 항상 누군가에게 복종하고 두렵고 떨리는 감정으로 사는 것이다.

7. 구원을 받은 자가 이루어 가야 할 '기쁘신 뜻(13절)'이란 무엇이며(참고 2~4절), 그 구체적인 방법으로 제시된 것은 무엇과 무엇인가?(14절)

8. 바울은 구원받은 자에게 원망과 시비가 없어야 하는 이유를 두 가지로 설명한다. 첫 번째 이유는 무엇이며, 그 의미는 무엇이라고 생각하는가?(15절 상반절)

9. 원망과 시비가 없이 살아야 하는 두 번째 이유는 무엇인가? 그 의미는 무엇이라고 생각하는가?(15절 하반절, 16절)

10. 바울이 그리스도의 날에 자랑이 될 것이라고 말하는 것은 무엇인가?(16절) 당신도 이것이 당신의 자랑이 될 수 있다고 믿는가? 구원받은 당신의 자랑은 무엇인가?

11. 바울은 자신의 자랑이 되는 이 삶을 뭐라고 묘사하고 있는가? 이 삶에 어느 정도의 가치를 부여하고 있는가?(17,18절)

12. 당신이 그리스도인으로서 착하게 살려고 하는 이유는 무엇인가? 성경이 말하는 그리스도의 삶과 어떻게 다른가?

|다짐하기|

13. 하나님의 자녀로, 세상의 빛으로 살기 위해서 당신이 해야 할 일은 무엇인가? 혹시 관계 속에서 용서하지 못하고 막힌 관계가 있다면 구체적으로 회복을 위한 결단을 하고 소그룹원들에게 나누라.

|관점얻기|

구원을 이루라!(12,13절)

'구원(소테리아)'은 칭의적 측면, 성화적 측면, 종말론적 측면 모두를 아우르는 의미이다. 이 구원을 이루는데 '두려움'과 '떨림'으로 이루라고 말한다. 이 '두렵고 떨림'은 종말에 있을 하나님의 심판에 대한 '두렵고 떨림'이다. 바울은 이 구원을 성도들에게 이루라고 말한다. 이는 실패하더라도 포기하지 말고 계속해서 반복적으로 구원받은 자의 삶을 실행해 가라는 의미이다.

그 이유는 하나님께서 이 구원, 즉 기쁘신 뜻을 위하여 소원을 두고 행하게 하시기 때문이다(13절은 '가르(왜냐하면)'라는 단어가 생략되어 있다). 우리 구원의 전적인 주도권을 하나님께서 쥐고 계신다. 그러므로 구원이란 인간의 힘으로 되는 것이 아니며 동시에 아무 것도 하지 않아도 되는 것이 아니라는 점을 시사한다. 하나님이 구원을 이루실 것이기 때문에 사람이 포기하지 말고 계속적으로 실행해 가야 한다는 의미이다.

여기서 '기쁘신 뜻(good purpose: 선하신 목적)'은 4절에서 말하는 바울의 기쁨과 일맥상통한다. 2~4절은 이 구원의 목적이 우리가 온전히 하나 되어 구원을 이루어 가는 것이라고 말한다.

원망과 시비(14절)

기쁘신 뜻을 이루는 방식은 '원망과 시비가 없이 행하는 것'이다. 여기서 '원망과 시비'는 출애굽 여정 가운데 행한 백성들의 행동을 의미한다(출16:7,8). '원망(공귀스모스)'은 '불평을 듣고 수근거림'을 의미하여 의지적 측면이면, '시비(디알로기스모스)'는 행동적 측면으로 하나님에 대한 반역과 사람들과의 말다툼을 의미한다. 원망과 시비는 하나님을 무시하는 행동의 대표적인 표현이다. 그 이유는 하나님은 우리에게 소원을 두시고 행하시는 분이시기 때문이다. 구원받은 자는 원망과 시비가 아니라 소원하는 마음, 자원하는 마음으로 무엇이든 행하고 살아야 한다.

하나님의 흠 없는 자녀와 세상의 빛(15,16절)

15,16절에서는 원망과 시비가 없어야 하는 이유를 설명한다. 첫 번째 이유는 '흠 없고 순전한 하나님의 자녀'가 되기 위해서이다(15절). '흠 없음'이란 남에게 걸림돌이 되지 않음이다. 이 모습은 구약에서 하나님께 바쳐지는 제물의 요건을 표현한 것이다. '어그러지고 거스르는 세대(스콜리아스 & 디에스트람메네스)'는 신명기 32장5절에서 모세가 이스라엘 백성들을 향하여 사용한 표현으로 바울이 인용한 것이다(신32장5절에서는 '하나님의 자녀가 아니요 흠이 있는'이라는 반대적 표현도 등장한다).

두 번째 이유는 '세상에서 빛들'로 나타나기 위해서이다(15절). '나타나다'는 중간태 수동형으로 '나타나게 되도록'으로 번역하는 것이 더 정확하다. '빛'은 존재 자체로 어두움을 물리치듯이, 성도들은 그 존재 자체만으로도 세상의 비뚤어진 영적 도덕적 어두움을 밝혀야 한다. 이는 생명의 말씀을 밝힘으로 가능한데, 여기서 '밝힌다'는 말은 '생명의 말씀을 굳게 붙들다'로 번역할 수 있다(holding fast the word for life. NASB). 이는 복음을 굳게 믿고, 살고, 전하는 것을 말한다(16절).

믿음의 제물과 섬김(17,18절)

바울의 '자랑(카우케마)'은 자신에게 복음으로 양육 받은 성도들이 어그러지고 거스르는 세대 가운데서는 하나님의 흠 없는 자녀로, 그리고 하나님과 원수된 세상에서는 빛들로 사명을 다하는 것이다(16절 하반절). 이런 삶을 바울은 '믿음의 제물'과 '섬김'이라고 묘사한다. 이 두 단어는 동의(同意)적 의미로 '하나님에 대한 믿음에 기초한 헌신적 삶과 행위'를 말한다. 이는 앞에서 말한 '흠 없는 하나님의 자녀로서 생명의 말씀을 굳게 잡고 전하는 삶을 통해 세상의 빛들로 드러나는 것'을 의미한다. '전제'란 구약 시대 마지막 제사의 단계에서 제단의 밑 부분에 포도주를 붓는 제사 의식을 말한다(왕하16:13, 렘7:18). 여기서는 바울의 피흘림, 곧 순교를 의미한다. 이것은 바울의 유언과 같은 말로 성도들이 하나님의 흠 없는 자녀로, 세상의 빛으로 살 수만 있다면 자신은 죽어도 기뻐하고 또 기뻐할 것이라는 고백이다.

|청년 자기 체크리스트|

아래의 체크리스트를 가지고 오늘 소그룹 모임에 임한 자신의 태도를 충분히 점검해 보라.

	점검 사항	5	4	3	2	1
준비 및 예습	본 과를 준비하면서 충분히 예습은 하였는가?					
	각 과의 분명한 목적은 알고 모임에 임했는가?					
	성령께서 나를 만지시도록 기도로 준비하였는가?					
	소그룹원들을 위해서 중보하였는가?					
	리더를 위해서 중보하였는가?					
	나를 변화시키실 하나님을 기대하는 마음으로 임했는가?					
참여 및 자세	적극적으로 질문과 대답에 참여했는가?					
	정직하게 자신을 보여주었는가?					
	지체들의 이야기에 사랑의 마음으로 공감적 경청을 하였는가?					
	모임 중 성령의 인도하심을 계속적으로 구했는가?					
	하나님께서 원하시는 것이 무엇인지 분명히 알았는가?					
	발견한 진리를 삶과 인격에 적용하기로 결단했는가?					
	이번주에 중보할 지체를 발견했는가?					
적용 및 결단	자신의 적용이 삶과 인격에 변화를 가져올 만큼 구체적인가?					
	배운 내용이 삶의 상황에 분명히 적용되었는가?					
	소그룹 모임에 대한 만족감이 있었는가?					
	배운 내용을 분명하게 정리했는가?					
	이번 과의 주제와 목적을 분명히 알게 되었는가?					
	삶과 인격의 변화를 위해 기도할 준비가 되어 있는가?					
평가	이번주 총점					

"그러므로 내 사랑하는 형제들아 견실하며 흔들리지 말고 항상 주의 일에 더욱 힘쓰는 자들이 되라 이는 너희 수고가 주 안에서 헛되지 않은 줄 앎이라" (고전 15:58)

- 이번주 생일 맞은 사람은?
- 이번주 소그룹 특이 사항은?
- 다음주 행사는?
- 다음주 전도할 대상은?
- 이번 달 암송 구절과 필독서는?

7과
하나님께 쓰임 받는 사람

빌립보서 2장 19~30절

사람은 자신의 가치를 인정해 주는 사람을 위해
목숨을 바쳐서라도 보답하려는 본성을 가지고 있다.
그만큼 자신의 가치를 인정받는 것이 소중하기 때문일 것이다.
하나님은 우리의 가치를 소중하게 보신다.
그래서 당신의 아들을 죽이시기까지 우리를 사랑하셨다.
그리고 한 영혼이 천하보다 귀하다는 가치 아래
우리로 하여금 복음을 전하라고 하신다.
본문은 하나님으로부터 쓰임 받는 두 사람이 등장한다.
디모데와 에바브로디도가 바로 그들이다.
이들의 모습을 살펴보면 하나님께 쓰임 받는 사람의 모습이
어떠한지 힌트를 얻을 수 있다.
우리의 가치를 소중히 여겨주시는 하나님께 쓰임 받는
청년의 삶을 위해 무엇을 준비해야 하는지 확인해 보자.

말씀 암송 | 예레미야애가 3장 22~23절

여호와의 인자와 긍휼이 무궁하시므로 우리가 진멸되지 아니함이니이다, 이것들이 아침마다 새로우니 주의 성실하심이 크시도소이다

|다가서기|

1. 옆 친구에게 가장 유용한 것 세 가지를 자기 임의대로 정하고 그 이유가 무엇인지 친구에게 나누어 보라.

만화책 전집	5만원권 2장	도서상품권 2장	줄넘기
애완동물	외장 핸드폰 충전기	팬션 2박3일 숙박권	선크림
영어학원 등록증	선글라스	샌들	타면 한 박스
산삼 한 뿌리	하와이 항공권	놀이동산 자유이용권	생수 1병

2. 당신의 생각에 하나님께 쓰임 받으려면 어떤 요건이 갖추어져야 한다고 생각하는가?

|깊이보기| 빌립보서 2장 19~30절

본문은 신앙의 성숙을 권면하는 1장 27절~2장 18절과 이단에 대한 경계와 신앙 증진을 권면하는 3장 1절~4장 1절 사이에 삽입된 내용으로, 디모데의 파송과 에바브로디도의 귀환 통보를 다루고 있다. 바울은 본 서신을 통해 이들의 신앙적 면모를 소개하며, 바울의 힘든 옥중 생활 속에서 이들이 무엇 때문에 한 동역자로서 천거할만한지를 말한다. 이를 통해 우리는 어떤 모습이 하나님께 쓰임 받는 자들의 공통점인지 확인하고 신앙 성숙의 지표로 삼을 수 있다.

3. 19절은 '나도(카고)'라는 단어가 번역되지 않았다. 이 단어를 번역해 보면, 바울이 디모데를 빌립보교회에 보낸 이유는 두 가지이다. 그 두 가지는 무엇인가?(19절)

4. 바울이 이처럼 디모데를 신뢰한 이유는 두 가지다. 첫 번째 이유는 무엇이고, 그 의미는 무엇이라고 생각하는가?(20,21절)

5. 바울이 디모데를 신뢰한 두 번째 이유는 무엇이며, 그 의미는 무엇이라고 생각하는가?(22절)

6. 디모데의 두 가지 모습은 하나님께 쓰임 받는 중요한 요건이 된다. 당신에게는 이런 면모가 있는가? 없다면 그 이유는 무엇인가?

7. 바울은 디모데와 함께 또 누구를 보내려고 하는가? 그 사람에 대해 바울이 묘사한 모든 표현들을 찾고, 이 사람에 대한 바울의 감정이 어떠한지 나누어 보라(25절)

① 나의 형제	② 성도	③ 심두름꾼
④ 함께 수고한 자	⑤ 나의 친구	⑥ 함께 군사된 자
⑦ 너희 사자	⑧ 쓸 것을 돕는 자	⑨ 너희의 종

8. 바울은 빌립보교회가 자신을 돕도록 파견한 에바브로디도가 병에서 완치되자 다시 돌려보내려고 한다. 그 이유를 살펴보면 에바브로디도가 어떤 사람인지 알 수 있다. 바울이 신뢰한 에바브로디도는 어떤 사람이라고 할 수 있는가?(26절)

9. 바울이 에바브로디도를 보내는 두 번째 이유는 무엇이며, 거기서 확인할 수 있는 에바브로디도는 어떤 사람인가?(28절)

10. 바울에 에바브로디도를 보내는 세 번째 이유는 무엇이며, 이를 통해 확인할 수 있는 에바브로디도는 어떤 사람인가?(30절)

11. 하나님께 쓰임 받는 에바브로디도의 면모를 세 가지로 정리해 보라. 그리고 당신에게도 이런 면모가 있는지 살펴보고, 없다면 그 이유는 무엇인지 나누어 보라.

12. 디모데와 에바브로디도의 면모를 일목요연하게 정리해 보고, 나의 모습과 비교해 보라. 그리고 하나님께 쓰임 받는 사람의 모습이 어떠해야 하는지 서로 나누어 보라.

디모데의 면모	에바브로디도의 면모	나의 면모

|다짐하기|

13. 하나님께 쓰임 받기 위해 당신이 하나님께 간구할 것과 구체적으로 노력해야 할 것을 정리해서 나누어 보라.

간구할 것	노력할 것

|관점얻기|

사랑과 연단의 사람, 디모데(19~24절)

디모데는 '하나님의 명예'라는 의미의 이름으로, 헬라인 아버지와 유대인 어머니 사이에서 경건한 어머니의 신앙 교육을 받아(행16:1), 어려서부터 성경을 알았고(딤후3:15), 바울을 통해 개종하게 된다(딤전1:2). 19절은 '나도(카고)'라는 말이 번역되지 않았다. 이를 감안하여 해석하면 바울이 디모데를 보낸 이유는 두 가지다. 첫째는 빌립보 성도들로 하여금 바울의 소식을 듣고 안위를 얻도록 하기 위해서이고, 둘째는 바울 자신이 빌립보 교회의 사정을 알고 안위를 받기 위해서이다.

바울이 디모데를 신뢰한 첫 번째 이유는 바울과 뜻을 같이 하여 빌립보 성도들을 진실히 사랑했기 때문이다(20절). 그 이유는 디모데만이 자기의 일이 아니라 그리스도 예수의 일을 구했기 때문이다(21절). '그리스도의 예수의 일'이란 곧 형제를 죽기까지 사랑하는 일이며(17절), 곧 복음을 위하여 수고하는 것이다(22절).

바울이 디모데를 신뢰한 두 번째 이유는 디모데는 연단을 통해 복음을 위해 수고하는 자가 되었기 때문이다(22절). 복음을 위해 헌신하는 사람이 되기 위해서는 모든 사람들이 인정할 수 있는 '연단(도키메)'이 필요하다. '연단'은 신약에서 총 7회 사용되는 바울 신학의 핵심으로 시험의 과정이나 그 시험을 통한 결과까지를 모두 포함하는 말이다(롬5:4, 고후8:2).

사랑과 기쁨과 헌신의 사람, 에바브로디도(25~30절)

에바브로디도는 본서에서만 등장하는 인물로 골로새서에서 등장하는 '에바브라'와는 다른 인물로 간주된다. '아프로디테의 사랑을 받는 자'라는 의미에서 유래하여 '매력적이다'라는 뜻의 이름으로 당시 헬라 세계에서 자주 사용된 이름이다. 그는 빌립보서에서 '형제', '함께 수고하는 자', '함께 군사된 자', '사자', '쓸 것을 돕는 자' 등으로 묘사되며(25절), 빌립보교회가 파송한 사자로 바울을 위해서 파견된 자였으나 로마에 머무는 동안 심각한 병에 걸렸지만 회복된다(26절).

바울이 에바브로디도를 다시 빌립보교회로 보내려고 한 이유는 세 가지로 볼 수 있다. 첫째는 에바브로디도가 빌립보 성도들을 진심으로 사모하는 자였기 때문이다(26절). 자신의 병듦을 빌립보 성도들이 걱정할까 하여 근심할 정도로 성도들을 생각하는 자였다. 하나님은 이렇게 남을 먼저 헤아리는 사람을 긍휼히 여기신다(27절).

둘째는 그가 빌립보교회의 기쁨이 되는 자였기 때문이다(28절). 누군가의 기쁨이 되는 삶의 비결은 마가복음 4장 24절이 힌트를 준다. "또 이르시되 너희가 무엇을 듣는가 스스로 삼가라 너희의 헤아리는 그 헤아림으로 너희가 헤아림을 받을 것이며 더 받으리니" 에바브로디도는 먼저 빌립보 성도들을 헤아리는 사람이었고, 결국 그 역시 빌립보 성도들의 기쁨이 되어 있음을 본다.

셋째는 에바브로디도는 그리스도의 일을 위하여 자기 목숨도 돌보지 않은 자였기 때문이다(30절). 그는 사회적으로, 경제적으로 아무런 가치가 없는 사람이었고, 그가 한 일은 로마 감옥에 갇힌 바울에게 쓸 것을 전달하는 것이었다. 하지만 성경은 그 일이 '그리스도의 일'이라고 말한다. '그리스도의 일'이란 결국 형제를 섬기고, 그들의 부족을 돌보는 일인 것이다. 하나님은 우리의 섬김을 통해서 공동체의 부족을 채우기를 원하신다.

|청년 자기 체크리스트|

아래의 체크리스트를 가지고 오늘 소그룹 모임에 임한 자신의 태도를 충분히 점검해 보라.

	점검 사항	5	4	3	2	1
준비 및 예습	본 과를 준비하면서 충분히 예습은 하였는가?					
	각 과의 분명한 목적은 알고 모임에 임했는가?					
	성령께서 나를 만지시도록 기도로 준비하였는가?					
	소그룹원들을 위해서 중보하였는가?					
	리더를 위해서 중보하였는가?					
	나를 변화시키실 하나님을 기대하는 마음으로 임했는가?					
참여 및 자세	적극적으로 질문과 대답에 참여했는가?					
	정직하게 자신을 보여주었는가?					
	지체들의 이야기에 사랑의 마음으로 공감적 경청을 하였는가?					
	모임 중 성령의 인도하심을 계속적으로 구했는가?					
	하나님께서 원하시는 것이 무엇인지 분명히 알았는가?					
	발견한 진리를 삶과 인격에 적용하기로 결단했는가?					
	이번주에 중보할 지체를 발견했는가?					
적용 및 결단	자신의 적용이 삶과 인격에 변화를 가져올 만큼 구체적인가?					
	배운 내용이 삶의 상황에 분명히 적용되었는가?					
	소그룹 모임에 대한 만족감이 있었는가?					
	배운 내용을 분명하게 정리했는가?					
	이번 과의 주제와 목적을 분명히 알게 되었는가?					
	삶과 인격의 변화를 위해 기도할 준비가 되어 있는가?					
평가	이번주 총점					

"그러므로 내 사랑하는 형제들아 견실하며 흔들리지 말고 항상 주의 일에 더욱 힘쓰는 자들이 되라 이는 너희 수고가 주 안에서 헛되지 않은 줄 앎이라" (고전 15:58)

- 이번주 생일 맞은 사람은?
- 이번주 소그룹 특이 사항은?
- 다음주 행사는?
- 다음주 전도할 대상은?
- 이번 달 암송 구절과 필독서는?

8과
버릴 것과 얻을 것

빌립보서 3장 1~11절

모든 사람에게 자랑거리가 없다는 것은
행복하지 않다는 말과 같다.
그래서 사람들은 저마다 자랑하고 싶은 것을 가지고 산다.
학벌과 권력, 명예와 돈, 외모를 자랑하기도 한다.
정말 자랑거리가 없는 사람은 하다못해 혀가 코에 닿는 것,
동전이 콧구멍에 들어가는 것을 자랑한다.
이처럼 뭔가를 자랑한다는 것은
우리로 하여금 삶의 활기를 갖게 한다.
하지만 잘못된 자랑은 삶의 활기를 빼앗아 간다.
신앙도 마찬가지다.
귀한 신앙의 자랑은 삶을 감격스럽게, 뜨겁게 한다.
하지만 잘못된 신앙의 자랑은
우리의 신앙생활을 경직되게 하고 감격을 빼앗아 간다.
그러므로 잘못된 것들은 취하지 않고 버리는 것이 오히려 유익이다.
믿음의 사람은 어떤 것을 자랑하고 어떤 것을 버려야 하는지
생각해 보자.

말씀 암송 | 예레미야애가 3장 22~23절

여호와의 인자와 긍휼이 무궁하시므로 우리가 진멸되지 아니함이니이다, 이것들이 아침마다 새로우니 주의 성실하심이 크시도소이다

|다가서기|

1. 당신의 삶을 활기 있게 하는 자랑거리는 무엇인가? 세 가지를 고백하고 그것이 내 삶에 얼마나 큰 기쁨을 주는지 이야기해 보라.

2. 보다 나은 삶을 살고 가치 있는 인생이 되기 위해 당신이 버려야 할 것과 지키고 개발해야 할 것은 무엇이라고 생각하는가?

|깊이보기| 빌립보서 3장 1~11절

본문은 당시 빌립보 교회 안에 있었던 율법주의자들을 경계하는 내용이다. 바울은 그들의 자랑이 무엇인지를 나열하면서 자신과 대조하여 자신은 오히려 그것을 해로 여기고 배설물로 여긴다고 고백한다. 그 이유는 그것이 진정한 신앙을 갖는데 오히려 손해를 보게 하기 때문이라고 피력한다. 바울은 진정한 신앙과 공동체로 거듭나기 위해서는 이런 것들을 버려야 하며, 동시에 세 가지 것을 얻어야 한다고 말한다. 바울은 과거의 자랑거리를 버리는 두 가지 이유를 '얻음'과 '앎'으로 설명한다.

3. 바울이 1절에서 말하는 '같은 말'이란 2절 이하에서 하는 말이며, 1장 27~30절에서 말한 내용으로 보는 것이 타당하다(Lenski, Hendriken). 그 내용은 무엇인지 자기 말로 표현해 보라(1,2절).

4. 그들에 대한 바울의 어조(語調)를 정리해 보고 그들에 대한 바울의 생각이 어떠한 것인지 나누어 보라(2절).

5. 바울은 이들과 대조하여 건강한 신앙, 진정한 공동체는 어떤 모습이어야 한다고 말하는가?(3절) 그리고 각각의 의미는 무엇이라고 생각하는가?

① 하나님의 □□으로 □□

② 그리스도 □□를 □□

③ □□ 를 □□ 하지 않음

6.당신과 당신의 공동체는 진정한 신앙의 세 가지 조건을 가지고 있는가? 없다면 그 이유는 무엇이라고 생각하는가?

7. 바울은 율법주의자들의 기준으로 볼 때 그들보다 훨씬 더 자랑거리가 되는 것들을 해로 여겼다(4~6절). 그 궁극적인 이유는 무엇이며(8절 상반절), 그 의미는 무엇이라고 생각하는가?(7,8절)

8. 바울이 과거에 자랑하던 것을 그리스도를 믿음으로 다 해로 여겨 버렸다. 당신에게는 과거에 자랑이던 것이 예수를 믿음으로 해로 여겨 버린 것이 있는가? 예수를 믿음으로 버린 것과 얻은 것은 무엇인가?

9. 바울이 그리스도를 위하여 모든 것을 자발적으로 잃어버리고 배설물로 여긴 이유는 두 가지이다. 그 첫 번째 이유는 무엇이며, 그 의미는 무엇이라고 생각하는가?(8,9절)

10. 바울이 그리스도를 위하여 모든 것을 자발적으로 잃어버리고 배설물로 여긴 두 번째 이유는 무엇이며, 무엇을 알기를 원했는지, 그리고 그 의미는 무엇이라고 생각하는가?(10절)

11. 바울이 예수를 믿음으로 모든 것을 해로 여기고 배설물로 여겼다고 해서 모든 것을 다 버린 것은 아니다. 로마 시민권이라든지, 유대인으로의 혈통을 복음 전파를 위한 효과적인 수단으로 사용한 바 있다. 그렇다면 과연 예수를 믿고 나의 자랑거리들을 버린다는 말은 어떤 의미라고 생각하는가?

12. 우리가 세상과 예수를 비교하여 세상을 가치 없게 보아야 하는 이유는 예수를 얻고, 알기 위해서이다. 당신은 세상보다 예수가 더 고귀한가? 예수의 의가 정말 당신의 의고, 그분의 행하신 일이 당신을 위한 것임을 믿는가? 그렇지 못하다면 그 이유는 무엇인가?

|다짐하기|

13. 예수를 믿는 진정한 신앙, 건강한 공동체의 세 가지 지표는 무엇인지 정리하고 그것을 위해서 어떤 구체적인 노력을 할 수 있는지 나누어 보라.

세 가지 지표	구체적인 노력

|관점얻기|

대적자들과 진정한 공동체(1~3절)

3장 1절~4장 1절까지는 유대 율법주의자들(Jewish legalists)과 반도덕주의자들(antinomians) 혹은 자유주의자들(libertarians)을 경계하여 '주 안에서 기뻐하라'고 권면한다. 2절 이하가 대적자에 대한 것으로 봐서 1절에서 말하는 '같은 말'은 1장 27~30절에서 묘사한 대적자들을 경계하라는 언급으로 보는 것이 타당하다(Lenski, Hendriken). 바울은 이들에 대해서 '개들', '행악자하는 자들', '몸을 상해하는 자들'이라고 세 번 반복하면서 세 번 '삼가라(블레페테)'고 두운(Alliteration)까지 맞춘 정형시적 운율을 살려 강조한다.

바울은 이들과 대조하여 진정한 '할례파', 진정한 공동체는 세 가지 조건을 갖추어야 한다고 말한다(3절). 첫째는 하나님의 성령으로 봉사해야 한다. '봉사하다(라트류오)'는 예배하는 것을 의미한다. 즉 진정한 공동체란 성령으로 예배하는 공동체여야 한다는 뜻이다. 둘째는 그리스도 예수로 자랑해야 한다. 건강한 신앙은 그리스도를 벗어나지 않고 오직 주 안에서 자랑하는 자들이다. 셋째는 육체를 신뢰하지 않는 것이다. 자신의 구원에 대한 소망의 기초가 되는 그리스도 외에 어떤 것도 의지하거나 자랑하지 않는 것을 의미한다.

육체의 자랑(4~7절)

4~6절까지는 '육체의 자랑거리로 구원을 얻을 수 있다'는 대적자들의 논리로 하면 바울은 더 자랑할 것이 많다는 사실을 밝힌다. 바울은 팔레스타인 밖 다소에서 디아스포라(Diaspora) 유대인으로 태어났지만 순수한 베냐민 지파의 혈통으로 당대 최고의 선생인 가말리엘 문하에서 교육받아 스스로 바리새파가 되어 유대인의 입장에서 볼 때 상당한 열심도 소유했다. 뿐만 아니라 '율법의 의(the righteousness which is in the law)', 즉 율법을 지킴으로 평가되는 의로움에 있어서도 흠이 없는 자였다고 말한다.

하지만 그리스도를 아는 지식이 가장 고상함을 인해(8절), '유익하던 것'을 '해(害)'로 여기게 된다(7절). 고상하다는 말은 가장 가치가 있다는 뜻이며, '해(제미아)'는 '손해, 손실'을 의미한다. 그러므로 이 말은 이 많은 외적 조건들(4~6절), 육체적 자랑거리가 그리스도를 믿는 신앙의 성숙에 전혀 도움이 되지 않고 오히려 손실을 가져온다는 말이다. 그래서 그가 자랑하던 모든 것을 손해로 여긴 것이다.

모든 것을 배설물로 여기는 이유(8~11절)

첫 번째 이유는 얻기 위해서이다. '그리스도를 얻고 그 안에서 발견되기 위해서'이다(8,9절). '얻다(케르다이노)'는 말은 그리스도의 은혜와 그와의 깊은 사귐과 교제를 얻고자 하는 열망을 말한다. 그리스도 안에서 발견된다는 말은 그와의 온전한 연합을 통해 그리스도의 의가 바울의 의로 간주되어 의롭다함을 받는 것을 말한다. 바울은 자신이 가진 의는 율법에서 난 것이 아니라 그리스도를 믿음으로 주어진 것이라고 말하면서 인간의 노력으로 주어지는 율법주의자들의 의와 자신의 의는 다르다는 사실을 강조한다.

두 번째 이유는 세 가지를 '알기(기노스코)' 위해서이다(10절). 첫째는 '그리스도'고, 둘째는 '그 부활의 권능'이며, 셋째는 '그 고난에 참여함'이다. '그리스도를 앎'이란 지식적인 인식이 아니라 십자가와 부활과 같은 그의 일하심이 자신을 위한 것임을 실존적으로 인식하는 것이다. 그로 인한 그분과의 온전한 연합에 동참하는 내면화된 체험적 신앙을 말한다.

|청년 자기 체크리스트|

아래의 체크리스트를 가지고 오늘 소그룹 모임에 임한 자신의 태도를 충분히 점검해 보라.

점검 사항		5	4	3	2	1
준비및예습	본 과를 준비하면서 충분히 예습은 하였는가?					
	각 과의 분명한 목적은 알고 모임에 임했는가?					
	성령께서 나를 만지시도록 기도로 준비하였는가?					
	소그룹원들을 위해서 중보하였는가?					
	리더를 위해서 중보하였는가?					
	나를 변화시키실 하나님을 기대하는 마음으로 임했는가?					
참여및자세	적극적으로 질문과 대답에 참여했는가?					
	정직하게 자신을 보여주었는가?					
	지체들의 이야기에 사랑의 마음으로 공감적 경청을 하였는가?					
	모임 중 성령의 인도하심을 계속적으로 구했는가?					
	하나님께서 원하시는 것이 무엇인지 분명히 알았는가?					
	발견한 진리를 삶과 인격에 적용하기로 결단했는가?					
	이번주에 중보할 지체를 발견했는가?					
적용및결단	자신의 적용이 삶과 인격에 변화를 가져올 만큼 구체적인가?					
	배운 내용이 삶의 상황에 분명히 적용되었는가?					
	소그룹 모임에 대한 만족감이 있었는가?					
	배운 내용을 분명하게 정리했는가?					
	이번 과의 주제와 목적을 분명히 알게 되었는가?					
	삶과 인격의 변화를 위해 기도할 준비가 되어 있는가?					
평가	이번주 총점					

"그러므로 내 사랑하는 형제들아 견실하며 흔들리지 말고 항상 주의 일에 더욱 힘쓰는 자들이 되라 이는 너희 수고가 주 안에서 헛되지 않은 줄 앎이라" (고전 15:58)

- 이번주 생일 맞은 사람은?
- 이번주 소그룹 특이 사항은?
- 다음주 행사는?
- 다음주 전도할 대상은?
- 이번 달 암송 구절과 필독서는?

9과
푯대를 향한 질주

빌립보서 3장 12~16절

100미터 달리기 경주를 해본 적이 있는가?
달리기 경주에서 제일 중요한 것은 집중력이다.
100미터를 달리는 사람이 뒤를 돌아본다든지,
주위를 구경한다든지 한다면 그 사람의 결과는 뻔할 것이다.
더군다나 결승선이 코앞이라면
앞만 보고 달리지 않으면 안 될 것이다.
바울은 우리의 구원과 사명을 달리기에 비유한다.
구원은 받았지만(already) 아직 완성되지 않았기 때문에(not yet)
빌립보 교회 안에 있었던 반도덕주의자들처럼
'이미 구원을 받았으니 구원을 위해서 노력하지 않아도 된다'는
논리를 반박한다.
구원과 사명을 달리기에 비유한 바울은
푯대를 향해 달릴 것을 권면하고, 경주자처럼 뒤에 있는 것을
잊어버리고, 앞에 있는 것을 바라보라고 교훈한다.
이 푯대를 향한 질주를 이제 함께 시작해보자.

말씀 암송 | 예레미야애가 3장 22~23절

여호와의 인자와 긍휼이 무궁하시므로 우리가 진멸되지 아니함이니이다 이것들이 아침마다 새로우니 주의 성실하심이 크시도다

|다가서기|

1. 당신의 고등학교 때 100미터 달리기 최고 기록을 공개하라. 어떻게 그렇게 달릴 수 있었는지 비법을 공유해 보라.

2. 신앙생활이 달리기라는 말의 의미가 무엇이라고 생각하는지 각자 자신의 생각을 나누어 보라.

|깊이보기| 빌립보서 3장 12~16절

본문은 율법주의자들을 경계한 1~11절과 반도덕주의자들을 경계한 17절~4장 1절 사이에 끼어 있는 부분으로, 새로운 권고를 주기 전에 간증형식으로 구원을 온전히 이루어가야 함을 말하고 있다. 바울은 구원받은 자는 이미(already)와 아직(not yet) 사이에서 구원을 이루어가야 하는 긴장이 있음을 말하면서, 구원을 온전히 이루어가는 과정에서 노력하는 모습이 있어야 한다고 말한다.

3. 바울은 이방인의 사도로서 이미 구원을 받았다. 하지만 12절에서는 뭐라고 묘사하고 있는가?(12절)

4. 12절에서 말하는 '예수께 잡힌바 된 그것'은 이중적 의미로 볼 수 있다. 무엇과 무엇을 의미한다고 볼 수 있는가?(빌1:19, 행20:24)

5. 바울은 이미 얻은 구원과 그럼에도 불구하고 아직 온전히 이루지 못한 구원 사이에 있는 그리스도인의 삶의 모습을 한 단어로 두 번이나 반복하여 묘사한다. 그것은 무엇이며 어떤 의미라고 생각하는가?(12,14절)

6. 바울은 구원과 사명을 온전히 이루기 위한 두 가지 삶의 방식을 말한다. 첫 번째 삶의 방식을 어떻게 묘사하고 있는가?(13절)

7. 바울이 말한 첫 번째 삶의 방식대로 살기 위해 당신이 해야 할 일은 무엇인가? 구체적으로 나누어 보라.

8. 구원과 사명을 이루기 위한 두 번째 삶의 방식은 무엇인가?(13절)

9. 당신이 잡으려고 달려가야 할 '앞에 있는 것(푯대, 부르심의 상)'은 무엇인가? 성경이 말하는 것과 같은 것인지 생각해 보고 다르다면 그 이유는 무엇인지 나누어 보라.

10. 15절에서 말하는 '이렇게 생각하라'는 말은 앞에서 구원과 사명에 대해 바울이 언급한 내용을 말한다. 바울이 앞에서 언급한 내용을 자신의 말로 정리해 보라(15절).

11. 바울과 같이 생각하는 사람은 '그대로 행해야' 한다. 이 삶은 어떤 것인지 자신의 말로 표현해 보라(16절).

|다짐하기|

12. 구원과 사명은 '이미(already)와 아직(not yet)' 사이에 있다. 이 사이에 사는 사람은 크게 두 가지 삶을 살아야 한다. 구체적으로 어떤 것을 할 수 있는지 나누어 보라.

	뒤에 있는 것을 잊어버림	앞에 있는 것을 좇아감
구원을 위해		
사명을 위해		

|관점얻기|

구원과 사명, 이미(already)**와 아직**(not yet) **사이**(12,13절)

12절의 '얻었다 함도 아니요'는 바울이 과거에 받은 구원을 부인하는 것이 아니라 그리스도를 닮은 거룩한 삶을 살아가는 정도까지는 이르지 못했다는 고백이다. 이를 통해 빌립보 교회 안에 있었던 '이미 구원받은 이상 영적 진보를 위한 더 이상의 싸움은 필요 없다'고 주장하는 반도덕주의자들의 말을 반박한다. 그래서 바울은 '달려가노라(디오코)'를 두 번이나 반복하면서 구원받은 자의 삶은 쉼 없는 구원의 완성을 향한 노력이 있어야 함을 시사한다.

'그리스도 예수께 잡힌바 되었다(카탈람바노)'는 말은 '그리스도께서 바울을 붙잡아 다스리기 위해 그의 거룩한 권능과 영향력으로 사로잡았다'는 뜻이다. 그러므로 '잡힌 바 된 그것'은 크게 두 가지 의미로 이해할 수 있다. 첫째는 '구원의 완성'이고, 둘째는 '전도의 사명'이다. '잡힌바 된(카탈람바노)'을 '어떤 개념을 이해하다'의 의미로 해석하면, 그분으로 인해 깨닫게 된 것을 더욱더 깨달으려고 한다는 의미로 볼 수도 있다.

12,13절에서 바울은 '잡다(카탈람바노)'를 다른 시제로 세 번 반복하여 사용한다. 12절에서는 '잡힌 바 된(부정 과거 수동태)'으로 표현하여 구원이 이미 주어진 것으로 묘사하지만, 13절에서는 '잡은 줄로 여기지 않는다(현재 완료 부정사)'로 표현하여 아직 소유한 것이 아니라고 말한다. 그러면서 동시에 '잡으려고(부정과거 가정법 능동태)'라고 표현하여 구원을 향해 달려가는 바울의 강한 열망이

있음을 잘 보여준다. 이를 통해 '구원'과 '사명'은 이미(already) 받은 것이지만 동시에 아직(not yet) 완성되지 않은 것이라는 메시지를 분명히 한다.

뒤에 있는 것과 앞에 있는 것(13,14절)

바울은 이를 위해 첫째, '뒤에 있는 것을 잊어버린다'고 말한다. 이 말은 두 가지를 의미로, 첫째는 과거 교회를 핍박하는 등의 잘못했던 모든 것을 말하고, 둘째는 복음 전파에 목숨을 걸고 살아오면서 잘한 모든 것을 말한다. '잊어버리고(에필란다노마)'는 '더 이상 관심을 두지 않고 무시한다'라는 의미로 경주자로서 뒤를 돌아보아 늦어지지 않게 앞만 본다는 미래지향적 신앙 자세를 묘사한 것이다.

둘째, '앞에 있는 것'을 향해 달린다고 말한다. 이는 복수로 쓰여 '구원과 사명을 완수해 가는데 있는 모든 것'을 말한다. 14절에는 '앞에 있는 것'을 '푯대', '부름의 상' 등으로 달리 묘사하는데, 성도의 최종적인 소망으로 승리하는 자에게 주어지는 면류관과 상급을 의미한다(딤후4:8). 이를 통해 다시 한 번 성도는 구원 받음에 안주하는 사람이 아니라 끊임없이 믿음의 경주를 해야 한다는 사실을 반복하여 교훈한다.

이렇게 생각하고, 그대로 행할 것(15,16절)

'온전히 이룬 자'는 완전해진 사람이 아니라 '구원은 받았지만 자신의 불완전성을 인식하며 완전을 향해 달려가는 사람'을 의미한다. '이렇게 생각할지니'는 '이렇게 생각하자(let us be minded, KJV)'라는 권유로, 구원이 완성되었다고 생각하지 말고 계속해서 푯대를 향해서 믿음의 경주를 하자는 권고적 교훈이다. 공동번역에서는 "그러므로 믿음이 성숙한 사람은 모두 이와 같은 마음가짐(12~14절)으로 살아가야 합니다. 만일 여러분이 어떤 문제에 관해서 (나와) 다른 생각을 품었더라도 하나님께서는 그것까지도 분명히 가르쳐주실 것입니다"라고 번역한다.

16절의 '그대로'를 NASB에서는 '똑같은 기준에 의해(by that same standard)'로, KJV에서는 '똑같은 규칙에 의해(by the same rule)'로 번역한다. 이 말은 신앙 수준이 어느 정도에 이르렀든지 바울이 강조한 똑같은 기준에 따라 지속적으로 신앙 성숙에 정진하라는 말이다. 이 기준은 구원과 사명이 이미(already)와 아직(not yet) 사이에 있으므로 지속적으로 신앙 성숙을 위해서 경주자의 삶을 살아야 한다는 것을 의미한다.

|청년 자기 체크리스트|

아래의 체크리스트를 가지고 오늘 소그룹 모임에 임한 자신의 태도를 충분히 점검해 보라.

	점검 사항	5	4	3	2	1
준비및예습	본 과를 준비하면서 충분히 예습은 하였는가?					
	각 과의 분명한 목적은 알고 모임에 임했는가?					
	성령께서 나를 만지시도록 기도로 준비하였는가?					
	소그룹원들을 위해서 중보하였는가?					
	리더를 위해서 중보하였는가?					
	나를 변화시키실 하나님을 기대하는 마음으로 임했는가?					
참여및자세	적극적으로 질문과 대답에 참여했는가?					
	정직하게 자신을 보여주었는가?					
	지체들의 이야기에 사랑의 마음으로 공감적 경청을 하였는가?					
	모임 중 성령의 인도하심을 계속적으로 구했는가?					
	하나님께서 원하시는 것이 무엇인지 분명히 알았는가?					
	발견한 진리를 삶과 인격에 적용하기로 결단했는가?					
	이번주에 중보할 지체를 발견했는가?					
적용및결단	자신의 적용이 삶과 인격에 변화를 가져올 만큼 구체적인가?					
	배운 내용이 삶의 상황에 분명히 적용되었는가?					
	소그룹 모임에 대한 만족감이 있었는가?					
	배운 내용을 분명하게 정리했는가?					
	이번 과의 주제와 목적을 분명히 알게 되었는가?					
	삶과 인격의 변화를 위해 기도할 준비가 되어 있는가?					
평가	이번주 총점					

"그러므로 내 사랑하는 형제들아 견실하며 흔들리지 말고 항상 주의 일에 더욱 힘쓰는 자들이 되라 이는 너희 수고가 주 안에서 헛되지 않은 줄 앎이라" (고전 15:58)

- 이번주 생일 맞은 사람은?
- 이번주 소그룹 특이 사항은?
- 다음주 행사는?
- 다음주 전도할 대상은?
- 이번 달 암송 구절과 필독서는?

10과
주 안에 서는 삶

빌립보서 3장 17절 ~ 4장 1절

자유가 무엇이라고 생각하는가?
자유에 대하여 자신만의 다양한 가치관이 있을 것이다.
하지만 우리는 흔히 자유를 방종과 혼동한다.
비슷한 이 둘 사이의 가장 큰 차이점은
방종의 끝은 파멸이고 재앙이지만
자유의 끝은 진정한 행복이요 평안이라는 점이다
자유는 철로 위를 달리는 열차에 비유되곤 한다.
철로를 벗어난 열차는 자유가 아니라 재앙이다.
신앙생활도 마찬가지다.
주 안에 있을 때만 진정한 자유가 주어진다.
주 밖에서의 삶은 자유가 아니라 방종이다.
결국은 파멸이요 재앙이다.
본문에서는 주 안에 서는 삶이 무엇인지를 말한다.
그 안에 진정한 행복과 자유가 있다.

말씀 암송 | 이사야 26장 3절

주께서 심지가 견고한 자를 평강하고 평강하도록 지키시리니 이는 그가 주를 신뢰함이니이다

|다가서기|

1. 당신에게 천 만원이 있다면, 진정으로 자유한 삶을 위해 어디에 모든 돈을 투자하겠는가? 그 이유는 무엇인지 나누어 보자.

독서 여행 취미 사랑 도전 나눔

2. 당신은 예수를 믿기 때문에 불편해 본 적이 있는가? '주 안에서 사는 삶'이 답답했던 그 때를 돌이켜보며 그 이유는 무엇이었는지 나누어 보라.

|깊이보기| 빌립보서 3장 17절 ~ 4장 1절

본문은 영은 선하지만 육은 악하기 때문에 굳이 육체를 위해서 경건하게 사는 것이 의미가 없다고 말하는 영지주의자들을 염두에 두고 한 교훈이다. 결국 그들은 반도덕주의자들의 성향을 띠게 되는데, 그런 그들에 반해 바울은 빌립보 성도들에게 하늘 시민권자의 모습이 어떠해야 하는지를 말하면서 그것이 바로 '주 안에 서는 삶'이라고 말한다.

3. 바울은 누구를 본받으라고 하고, 누구를 눈여겨보라고 말하는가?(17절)

4. 바울이 본받으라고 한 자신의 삶은 어떤 삶이었는지 간단히 정리해 보라.

- 8절
- 9절

· 10절

· 14절

5. 바울이 빌립보 성도들에게 간곡하게 부탁하는 것은 무엇인가?(18절)

6. 그리스도의 십자가의 원수란 어떤 모습인지 네 가지로 정리해 보라(19절). 이를 토대로 바울이 말하는 '그리스도의 십자가'의 의미를 유추해 보라.

첫째,

둘째,

셋째,

넷째,

7. 바울은 빌립보 성도들의 신분을 어떻게 묘사하고 있는가? 그 배경과 의미는 무엇이라고 생각하는가?(20절)

8. 당신은 이 땅에서 한 나라의 국민으로 살지만 진정한 소속이 하나님의 나라라고 믿는가? 그렇지 못하다면 그 이유는 무엇인가?

9. 바울이 말하는 하늘의 시민권을 가진 자의 삶의 특징은 무엇인가? 그 배경과 의미는 무엇이라고 생각하는가?(20,21절)

10. 당신은 우리 주 예수 그리스도의 재림의 날에 정말 당신의 몸도 영과 함께 부활할 것을 믿는가? 그런 의미에서 우리의 몸을 잘 관리하는 것도 신앙이다. 어떤 노력들이 필요할지 나누어 보라.

11. 4장 1절은 3장 전체의 결론이라고 할 수 있다. 그 결론을 한 마디로 하면 어떻게 말할 수 있는가?(4:1)

12. 주 안에 서는 삶을 본문 안에서 바울이 이야기한 것으로 정리해 보고, 각각의 의미를 말해 보라.

- 17절 ....
- 18절 ....
- 20절 ....
- 21절 ....

|다짐하기|

13. '주 안에 서는 삶'의 네 가지 방식을 적용하기 위해 구체적으로 실천할 것을 정하고 소그룹원들에게 나누어 보라.

본받는 삶 살기	십자가 원수 안 되기
하늘 시민권자로 살기	**부활소망 갖기**

|관점얻기|

나를 본받으라(17절)

바울이 자신을 본 받으라고 한 삶은 앞에서 고백한 그의 삶에 관한 것이다. 그는 육체적인 자랑거리를 해로 여기고 오직 예수 안에서 발견되고 그를 아는 삶을 살려고 했다(8~10절). 자신의 구원을 아직도 완성되지 않은 것으로 보고 푯대를 향해 노력하는 삶을 살려고 했다(14절). 하지만 바울은 자신의 모습만을 본으로 제시하지 않고 '이와 같이 행하는 자들을 눈여겨보라'고 말한다. 빌립보교인들에게 제시된 본은 멀리 있는 바울일 뿐만 아니라 가까이 함께 생활하는 성도들 중에도 있음을 직시하게 한다. 본을 받고 본을 보이는 삶은 예수를 본받고 그로 인해 우리도 누군가의 본이 되는 삶을 살아야 한다는 말이다. 예수를 본받는 삶이란 누군가의 본이 되는 삶이다.

십자가의 원수(18,19절)

바울은 여러 번 눈물을 흘리며 '십자가의 원수'가 되지 말라고 말한다(행20:31,고후2:4). '십자가'는 구원의 유일한 길이며, 자신을 부인하고 그리스도를 따르는 것이며, 부활을 통한 영광이 있는 것이며, 하늘의 소망을 갖고 사는 것이다. 여기서 말하는 십자가의 원수는 유대 율법주의자들이나 반도덕주의적 영지주의자들이라고 본다. 십자가의 원수의 특징은 다음과 같이 네 가지로 표현된다.

첫째는 '마침이 멸망'으로 십자가 외에 다른 방법을 주장함으로써 영생을 잃고 결국 완전한 멸망에 처하는 것을 말한다. 둘째는 '그들의 신은 배'다. 하나님을 섬기는 대신 그들 자신을 섬기는 육체적 욕망을 의미한다. 셋째는 '그 영광이 부끄러움'에 있다. 부활로 인한 찬란한 영광이 아닌 결국 육신적, 성적 방종에 대한 풍자다. 넷째는 '땅의 일을 생각'하는 것으로 하늘이 아니라 땅의 일에 온통 마음을 두고 살아가는 삶을 말한다.

하늘 시민권자의 소망(20,21절)

'시민권(폴리튜마)'는 '시민으로 행동하다'라는 말에서 유래하였다. 이는 빌립보 사람들이 B.C. 31년 악티움 전쟁(Battle of Actium)에서 안토니우스에게 승리한 후 로마 시민권을 인정받아 누리는 자부심과 특권에 빗대어 한 말이다. 성도는 로마 시민권과는 비교도 안될 하늘의 시민권을 가지고 있음을 천명(闡明)한 것이다(갈4:26,엡2:19). 성도는 땅의 법이 아니라 궁극적으로 하늘의 법에 따라 살아야 한다. 성도의 삶의 방식은 하늘의 법, 곧 복음으로 살아야 함을 의미한다.

또한 그 특징은 '주 예수 그리스도'를 기다리는 종말적 소망으로 드러난다(20절). 이 소망은 우리의 '낮은 몸'을 '영광의 몸'으로 부활케 하실 것을 의미한다. 여기서 '낮은 몸'이란 '비천함, 굴욕이나 수치, 영적인 낮아짐' 등을 의미하는 몸이며, '영광의 몸'은 '부활하신 예수 그리스도의 몸'을 의미한다. 이는 영지주의자들이 육을 천시하여 육체적 방종을 허용하는 반도덕적 행태에 반하는 가르침이다.

주 안에 서는 삶의 방식(4장1절)

4장 1절은 3장의 결론으로 '주 안에 서라'고 말할 수 있다. 이는 초소를 지키는 병사들과 우승을 위해 끈기 있게 달리는 경주자의 모습을 상징한다. 본문에서 바울이 말한 '하늘 시민권을 가진 자의 삶의 방식'은 크게 네 가지로 정리된다. 첫째는 예수를 본받고 누군가의 본이 되는 삶을 사는 것이고, 둘째는 십자가의 원수로 행하지 않는 것이다. 또한 셋째는 하나님 나라의 법, 즉 복음에 근거하여 사는 것이고, 넷째는 하늘의 소망을 가진 삶으로, 이는 우리 몸의 영광스러운 부활을 소망하는 것이다. 바울은 이와 같은 삶의 방식을 '주 안에 서는 삶'이라고 말한다.

|청년 자기 체크리스트|

아래의 체크리스트를 가지고 오늘 소그룹 모임에 임한 자신의 태도를 충분히 점검해 보라.

	점검 사항	5	4	3	2	1
준비및예습	본 과를 준비하면서 충분히 예습은 하였는가?					
	각 과의 분명한 목적은 알고 모임에 임했는가?					
	성령께서 나를 만지시도록 기도로 준비하였는가?					
	소그룹원들을 위해서 중보하였는가?					
	리더를 위해서 중보하였는가?					
	나를 변화시키실 하나님을 기대하는 마음으로 임했는가?					
참여및자세	적극적으로 질문과 대답에 참여했는가?					
	정직하게 자신을 보여주었는가?					
	지체들의 이야기에 사랑의 마음으로 공감적 경청을 하였는가?					
	모임 중 성령의 인도하심을 계속적으로 구했는가?					
	하나님께서 원하시는 것이 무엇인지 분명히 알았는가?					
	발견한 진리를 삶과 인격에 적용하기로 결단했는가?					
	이번주에 중보할 지체를 발견했는가?					
적용및결단	자신의 적용이 삶과 인격에 변화를 가져올 만큼 구체적인가?					
	배운 내용이 삶의 상황에 분명히 적용되었는가?					
	소그룹 모임에 대한 만족감이 있었는가?					
	배운 내용을 분명하게 정리했는가?					
	이번 과의 주제와 목적을 분명히 알게 되었는가?					
	삶과 인격의 변화를 위해 기도할 준비가 되어 있는가?					
평가	이번주 총점					

"그러므로 내 사랑하는 형제들아 견실하며 흔들리지 말고 항상 주의 일에 더욱 힘쓰는 자들이 되라 이는 너희 수고가 주 안에서 헛되지 않은 줄 앎이라" (고전 15:58)

- 이번주 생일 맞은 사람은?
- 이번주 소그룹 특이 사항은?
- 다음주 행사는?
- 다음주 전도할 대상은?
- 이번 달 암송 구절과 필독서는?

11과
주 안에서의 기쁨과 평강

빌립보서 4장 2~9절

기독교에서 가장 중요한 것은 사랑이다.
사랑을 빼면 기독교가 아니라고 해도 과언이 아니다.
하지만 어떤 이들은 기독교를 '기쁨의 종교'라고 말한다.
사랑만큼이나 기쁨은 신앙생활에 있어서
중요한 요소이기 때문이다.
성경은 이 기쁨을 '주 안에서의 기쁨'이라고 정의한다.
그리고 이 기쁨을 평강과 연결시킨다.
평강의 하나님이 함께하시는 자는 어떤 모습일까?
하나님의 평강이 마음과 생각을 지키는 자는 어떤 모습일까?
주 안에 있는 자의 두 가지 특징이 기쁨과 평강인 셈이다.
주 안에서 이 기쁨과 평강을 누리는 삶의 비결을 찾아가보자.

말씀 암송 | 이사야 26장 3절

주께서 심지가 견고한 자를 평강하고 평강하도록 지키시리니 이는 그가 주를 신뢰함이니이다

|다가서기|

1. 다음 중 어떤 기쁨이 가장 큰 것인지 자신의 경우를 예를 들어 설명해 보라.

① 남을 섬김으로 얻는 기쁨

② 예배를 통해 받은 은혜로 인한 기쁨

③ 기도 응답이 되어서 누리는 기쁨

④ 사랑하는 사람을 만나서 얻는 기쁨

2. 당신이 신앙생활 하면서 가장 기뻤던 때는 언제인가? 그 기쁨의 증상은 얼마나 지속되었는지, 얼마 후 기쁨이 사라진 이유는 무엇인지 나누어 보라.

|깊이보기| 빌립보서 4장 2~9절

본문은 각각의 단편적인 교훈을 말하는 것 같지만 전체적인 주제는 '주 안에서의 기쁨과 평강'에 대한 것이다. 이를 위해 바울은 크게 네 가지의 교훈을 전한다. 주 안에서 같은 마음을 품도록(2,3절), 관용을 드러냄으로 항상 기뻐하도록(4,5절), 염려하지 말고 감사함으로 기도하도록(6,7절), 그리고 신앙의 미덕 여덟 가지를 지속적으로 묵상하여 실천하도록 권면하고 있다(8,9절).

3. 바울은 당시 빌립보교회를 주도하던 두 여인의 분쟁에 대해 당사자에게는 어떻게 해결하라고 말하는가?(2절) 그리고 교회 공동체에게는 어떻게 하라고 말하는가?(3절)

4. 교회의 분쟁을 해결하는 것은 주 안에서 같은 마음을 품는 것이다. 바울이 말하는 이 마음은 어떤 마음인가?(빌2:5, 참조 빌2:6~8)

5. 바울은 빌립보교회가 어려움 가운데 있었지만 항상 기뻐하라고 권면한다. 그 이유가 무엇이라고 생각하는지 '기뻐하라'를 수식하고 있는 문구를 통해 유추해 보라(4절).

6. 당신에게는 주 안에서의 기쁨이 있는가? 없다면 그 이유는 무엇이라고 생각하는가?

7. 주 안에서의 기쁨을 가진 자는 다른 사람에게 관용할 수 있다. 그 이유는 무엇인가?(5절)

8. 바울은 성도의 본분은 염려가 아니라 기도와 간구라고 말한다. 기도와 간구를 어떻게 하라고 말하는가? 그 이유는 무엇이라고 생각하는가?(6절)

9. 감사함으로 기도하는 자에게 약속하신 결과는 무엇인가? 혹시 당신이 기대하는 기도의 결과와 다른 것은 아닌가?(7절)

10. 성도가 지켜야 하는 기본적인 신앙의 덕목 여덟 가지를 찾아 보라. 그리고 각각의 의미를 이야기해 보라(8절).

참된 것들	경건한 것들	옳은 것들	정결한 것들
사랑 받을 만한 것들	칭찬 받을 만한 것들	덕 (신앙적 탁월성)	기림 (도덕적으로 칭찬받는 것)

11. 바울이 생각하라고 한 이런 덕목들의 궁극적인 목적은 무엇인가? 그리고 그 결과는 무엇이라고 단정하고 있는가?(9절)

12. 평강의 하나님이 당신과 함께 하시는가? 그렇다면 그 증거는 무엇이며, 그렇지 않다면 그 이유는 무엇인가?

|다짐하기|

13. 주 안에서의 기쁨과 평강을 얻기 위해 구체적으로 무엇을 할 수 있는지 앞에서 배운 내용을 가지고 정리하면서 하나씩 나누어 보라.

교훈	실천사항
같은 □□을 품으라	
분쟁하는 자를 □□□	
항상 □□하라	
□□하라	
□□하지 말라	
□□함으로 기도하라	
덕목을 □하라	

앙심 가지라 살려 관상 염려 핍박 말
마음 도우라 기뻐 관용 걱정 감사 행

|관점얻기|

같은 마음(2,3절)

당시 마게도냐 지방은 모계로부터 성(姓)을 받았고 부녀자들도 개인 재산을 소유할 수 있었다. 이런 상황에서 유오디아와 순두게는 당시 교회 내에 주도적인 역할을 했지만 불화하게 되어 바울은 그들에게 주 안에서 같은 마음을 품어 화해하라고 권면한다. '마음을 품으라(프로네오)'는 2장 5절에서 언급했던 '그리스도 예수의 마음'이다. '나와 멍에를 같이한 자'는 정확히 알 수는 없지만 바울과 더불어 빌립보 교인들에게 존경을 받고 있는 영향력을 미치는 중요한 인물로 추정된다(3절). 3절은 앞의 두 여인을 돕고, 또 다른 사람들을 도우라는 것처럼 번역되어 있지만 정확히 번역하면 "복음에 나와 글레멘드와 그 외 나의 동역자들과 함께 힘쓰던 저 부녀들을 도우라"가 된다(G.F. Howthorne & M.R. Vincent).

기쁨과 관용(4,5절)

바울은 다시 한 번 기뻐하라고 권면한다(2:18, 3:1). 하지만 역시 '주 안에서(엔 퀴리오)'라는 단서가 붙어 있다. '항상'은 어떠한 순간에도 기뻐하라는 말이다. 이는 성도의 기쁨은 상황을 보고 갖는 것이 아니라 변함이 없으신 주님을 보고 갖는 것이라는 교훈이다. '관용(에피에이케스)'은 남의 결점에 대해 넓은 마음을 품는 마음으로

'관용이 알려지게 하라'는 수동태 명령형으로 쓰여있다. 그 이유는 주의 재림이 더욱 더 가까워졌기 때문이다. 주 안에서의 기쁨을 가진 자는 모든 이들에게 관용하게 된다. 그 이유는 곧 주께서 오셔서 모든 것을 갚으시고 위로하실 것이기 때문이다.

감사함으로 하는 기도와 하나님의 평강(6,7절)

'염려(메림나오)'는 자신이 통제할 수 없는 것들에 대한 쓸데없는 근심이다. '오직(알르)'는 but이라는 뜻으로, 바울은 영어의 'not~but'구문을 이용하여 성도의 마땅한 바는 '염려'가 아니라 '기도'라고 교훈한다. '기도(프로슈케)'는 하나님께 드리는 예배의 차원이라면(롬12:12), '간구(데에세이)'는 필요를 구하는 요구의 차원이라고 할 수 있다(엡6:18). 이 기도와 간구의 절대적 조건은 '감사함'으로 하는 것이다. 기뻐해야 하는 이유와 마찬가지로 성도는 상황을 보고 기도하는 것이 아니라 기도를 받으시는 하나님을 보고 기도하는 것이기 때문에 감사할 수 있는 것이다.

그러면 '하나님의 평강'이 그리스도 예수 안에서 마음과 생각을 지키신다. '마음(카르디아)'는 우리의 뜻과 감정 등의 중심을 말하고, '생각(노에마타)'은 마음에서 우러나오는 판단과 그로 인한 생각 등을 의미한다. 역시 또 '주 안에서'라는 단서가 붙어 있다. 기도의 결과는 '응답'이 아니라 '지키심'이다. 그리스도의 평강이 가장 큰 응답인 셈이다. 성도가 염려하지 않고 주 안에서 감사함으로 기도하면 주님의 평강이 우리의 마음과 생각이 염려치 않도록 지키실 것이다.

행함과 평강의 하나님(8,9절)

본 절에서는 신앙생활의 실천적인 덕목 8가지를 제시한다. '무엇에든지(호소스)'는 '~하는 것은 무엇이든지(all thing whatsoever)'라는 의미로, 참된 것들, 경건한 것들, 옳은 것들, 정결한 것들, 사랑받을 만한 것들, 칭찬 받을 만한 것들, 그리고 덕과 기림(도덕적으로 칭찬받는 것)이 그것이다. 앞의 여섯 가지는 복수로 기록하고 마지막 두 가지는 '무슨~있든지(에이 티스)'라는 표현을 사용하여 단수로 표기하고 있다. '생각하라(로기조마이)'는 열거된 여러 것들을 얻을 목적으로 숙고하라는 의미이다(Thayer). NIV는 '너희 마음에 머물게 하라(Let your mind dwell on)'로 번역하고 있다.

바울은 다시 자신을 본으로 제시하면서 '행하라'는 결론을 명한다. 그러면 '평강의 하나님'이 함께하실 것이라고 달한다(9절). 핵심은 '행하는 것'이다. 바울을 통해 배우고 받고 듣고 본 바를 지속적으로 마음에 머물게 하여 결국은 그것을 삶 속에서 실천하면 평강의 하나님께서 함께 하시는 증거가 드러날 것이라고 교훈한다. '평강의 하나님(9절)'은 언제나 함께 하시지만 '하나님의 평강(7절)'은 염려하지 않고 기도하며, 하나님의 말씀을 듣고 순종하여 행하는 자에게 임하게 된다.

|청년 자기 체크리스트|

아래의 체크리스트를 가지고 오늘 소그룹 모임에 임한 자신의 태도를 충분히 점검해 보라.

	점검 사항	5	4	3	2	1
준비 및 예습	본 과를 준비하면서 충분히 예습은 하였는가?					
	각 과의 분명한 목적은 알고 모임에 임했는가?					
	성령께서 나를 만지시도록 기도로 준비하였는가?					
	소그룹원들을 위해서 중보하였는가?					
	리더를 위해서 중보하였는가?					
	나를 변화시키실 하나님을 기대하는 마음으로 임했는가?					
참여 및 자세	적극적으로 질문과 대답에 참여했는가?					
	정직하게 자신을 보여주었는가?					
	지체들의 이야기에 사랑의 마음으로 공감적 경청을 하였는가?					
	모임 중 성령의 인도하심을 계속적으로 구했는가?					
	하나님께서 원하시는 것이 무엇인지 분명히 알았는가?					
	발견한 진리를 삶과 인격에 적용하기로 결단했는가?					
	이번주에 중보할 지체를 발견했는가?					
적용 및 결단	자신의 적용이 삶과 인격에 변화를 가져올 만큼 구체적인가?					
	배운 내용이 삶의 상황에 분명히 적용되었는가?					
	소그룹 모임에 대한 만족감이 있었는가?					
	배운 내용을 분명하게 정리했는가?					
	이번 과의 주제와 목적을 분명히 알게 되었는가?					
	삶과 인격의 변화를 위해 기도할 준비가 되어 있는가?					
평가	이번주 총점					

"그러므로 내 사랑하는 형제들아 견실하며 흔들리지 말고 항상 주의 일에 더욱 힘쓰는 자들이 되라 이는 너희 수고가 주 안에서 헛되지 않은 줄 앎이라" (고전 15:58)

- 이번주 생일 맞은 사람은?
- 이번주 소그룹 특이 사항은?
- 다음주 행사는?
- 다음주 전도할 대상은?
- 이번 달 암송 구절과 필독서는?

12과
자족함의 길

빌립보서 4장 10~23절

'새옹지마(塞翁之馬)'라는 말이 있다.
모든 것이 변하기 때문에 인생을 섣불리 판단할 수 없다는 뜻이다.
우리 삶은 좋았다가 나빴다가 한다.
그래서 웃을 때도 있는가 하면
여러 가지 이유로 슬퍼 울 때도 있다.
과연 이런 삶을 사는 우리가
일평생을 스스로 만족하며 살 수 있을까?
하지만 바울은 영원히 자족(自足)하는 길을 배웠다고 말한다.
그의 자족의 비결은 어디에 있을까?
우리보다 훨씬 험한 인생을 살았던 그가
도대체 무엇 때문에 항상, 그것도 영원히
자족하는 방법을 터득한 것일까?
이 자족함의 길은 어디로 나 있는지 확인해보자.

말씀 암송 | 이사야 26장 3절

주께서 심지가 견고한 자를 평강하고 평강하도록 지키시리니 이는 그가 주를 신뢰함이니이다

|다가서기|

1. 당신이 가장 만족할 만한 삶을 한 문장으로 완성해 보라. 그리고 그렇게 생각한 이유가 무엇인지 설명해 보라.

나는 하면 ________________ 가장 만족할 것이다.

2. 성경에서 말하는 만족은 무엇이라고 생각하는지 각자의 생각을 나누어 보라.

|깊이보기| 빌립보서 4장 10~23절

본문은 빌립보교회 성도들의 다시 시작된 재정 후원에 대한 바울의 감사와 축복(10~20절), 그리고 마지막 문안 인사와 축도로 구성된다(21~23절). 바울은 이 재정 후원이 자신의 궁핍함이 아니라 오히려 성도들의 영적 유익을 위한 열매라고 말한다. 후원한 것은 재정이지만 이것은 바울에 대한 사랑의 표현이며, 동시에 복음에 참여하는 행위일 뿐만 아니라 하나님께서 받으실만한 향기로운 제물이라고 가르치고 있다.

3. 바울이 빌립보교인들을 생각하며 크게 기뻐한 이유는 무엇인가?(10,16절)

4. 바울이 후원을 받고 기뻐한 이유는 궁핍했기 때문이 아니라 자족할 수 있기 때문이고 말한다(11절). 당시 '자족(自足)'이라는 개념은 내면의 힘으로 환경을 이길 수 있다는 스토아 철학자들의 모토였다. 이에 반해 바울이 설명하는 '자족'은 어떤 것인가?(13절)

5. 바울은 이 '자족함'을 두 가지 방법으로 체득하게 되었다고 말한다. 이 두 가지 방법은 무엇이며, 그 의미는 무엇인지 생각해보라(11,12절)

6. 바울이 말하는 '자족함'이 당신에게는 있는가? 없다면 그 이유는 무엇인가?

7. 빌립보 교인들의 헌금을 바울은 무엇이라고 정의하는가? 해당되는 것 모두를 찾아보라.

① 바울 자신에 대한 사랑의 표현
② 빌립보 교회의 재정적 풍부함의 소개
③ 복음에 함께 참여하는 행위
④ 하나님께서 받으실만한 향기로운 제물
⑤ 영적 유익을 위한 풍성한 열매

8. 복음 전파 사역에 동참하는 방법 중 하나가 재정을 지원하는 것이다. 하지만 이 재정 후원의 영적 의미는 그보다 크다. 그 두 가지를 찾아보라.(17,18절)

9. 이렇게 우리의 것을 형제와 복음을 위해 채워줄 때 하나님께서는 우리의 필요도 채워주신다. 그 채워주심의 패턴을 세 가지로 정리해 보고 그 의미를 생각해 보라(19절).

○ 첫째,

○ 둘째,

○ 셋째,

10. 당신은 형제와 복음을 위해 내 것으로 필요를 후원할 때 하나님께서 나의 필요도 채워주실 것을 믿는가? 그런 경험이 있다면 이야기해 보고, 그렇지 못하다면 그 이유는 무엇인지 나누어 보라.

11.바울이 세세 무궁하도록 영광을 돌리라고 한 이유는 무엇인가?(19절) 이 말씀에 근거하여 비록 지금 부족이 있을지라도 하나님께 영광을 돌릴 수 있겠는가?

12. 배운 내용을 토대로 성경적인 자족하기를 자신의 말로 정리해 보라. 당신에게는 무엇이 부족한가?

|다짐하기|

13. 성경적인 자족하기를 위해서 당신이 해야 하는 구체적인 실천 사항 두 가지를 정해서 나누어 보라.

자족하기 1

자족하기 2

|관점얻기|

자족을 배움(10~13절)

본문은 '다시 시작하게 된 빌립보 성도들의 바울 후원'에 대한 감사와 축복, 송영으로 이루어져 있다. 바울은 이 일을 크게 기뻐한다고 말한다. 하지만 이 기쁨은 궁핍했기 때문이 아니다(11절). 바울은 어떤 형편에 처하든지 자족하기를 배웠기 때문이다. 여기서 '자족(아우타르케스)'은 신약에서 이곳에만 기록된 독특한 단어로 당시 자기 의지의 내면적 힘으로 환경을 극복할 수 있다고 생각했던 스토아 철학자들의 가르침과 대조하여 한 말이다. 바울이 말한 자족은 자기 내면의 힘이 아니라 능력 주시는 자 안에서 그분을 경험함으로 배운 것이다.

11절의 '배움(에마돈)'은 체험을 통해 배운 것이고, 12절의 '배움(뮈에오)'은 그리스도 예수의 가르침을 통해 배운 것이다. 체험과 가르침을 통해 배운 자족은 외적 조건에 두지 않고 주님께 두는 것이었다. 13절은 초월적인 힘을 말하는 것이 아니라 '주 안에 있을 때' 어떤 환경 속에서도 기쁨으로 자족할 수 있다는 의미이다. 바울은 '주 안에서(엔 퀴리오)'를 강조하여 이 자족이 내면의 힘이나 환경이 아니라 계속해서 주님으로 인한 것이라고 말한다.

함께 참여함(14~18절)

빌립보 사람들이 칭찬들은 이유는 바울의 괴로움에 함께 참여했기 때문이다(1절). 이것을 15절에서는 '주고받는 일', 16절에서는 '쓸 것을 보내는 일'이라고 묘사한다. 즉 헌금, 헌물로 동역했다는 것이다. 빌립보 성도들의 도움은 '복음의 시초에도(15절)', '데살로니가에서도(16절)', 그리고 '투옥된 지금'도 지속되고 있다. 바울은 성도들의 이런 섬김을 성도를 유익하도록 하는 '풍성한 열매'라고 말한다. '열매(카르폰)'는 비유적으로 당시 투자로 얻어지는 이익 배당금을 일컫는 말이었는데, 바울은 성도들의 헌금을 통한 복음에 참여함이 성도들의 영적 유익을 위한 일종의 투자가 된다고 가르치고 있는 것이다. 동시에 복음에 참여하는 헌금은 인간적인 선물이 아니라 하나님께 헌신하여 드려지는 받으실만한 향기로운 제물, 예배가 된다고 말한다(18절).

우리 쓸 것을 채우시는 패턴(19~23절)

19~23절은 바울의 직접적인 축복과 문안으로, 하나님께서 우리의 쓸 것을 어떤 방식으로 채우시는가에 대한 힌트를 준다. 첫째는 그리스도 예수 안에서 채우신다. 빌립보서를 통해서 바울은 계속적으로 반복하여 '주 안에서'를 강조한다. 둘째는 '영광 가운데서' 채우신다. 이는 곧 하나님의 영광을 위해서 우리의 필요를 채우신다는 뜻이다. 셋째는 '풍성하게' 채우신다. 물질적인 풍성함도 물론이거니와 영적 유익을 위한 풍성함에 연결되도록 부족함 없이 채우시는 것이다. 이런 채우심은 우리가 형제의 괴로움에 참여하고 복음에 동참할 때 주어지는 영원히 변치 않을 하나님의 은혜다(23절). 하나님께서 우리의 필요를 영원히 채우실 것을 믿는다면 우리는 하나님께 영광을 돌려야 한다(20절). 그래서 21~23절까지 계속해서 바울은 빌립보 성도들뿐만 아니라 '모든 성도들'에게 '문안(아스파조마이)'하라고 말한다. 빌립보서는 '은혜(1:2)'로 시작해서 '은혜(4:23)'로 끝을 맺는다.

|청년 자기 체크리스트|

아래의 체크리스트를 가지고 오늘 소그룹 모임에 임한 자신의 태도를 충분히 점검해 보라.

	점검 사항	5	4	3	2	1
준비 및 예습	본 과를 준비하면서 충분히 예습은 하였는가?					
	각 과의 분명한 목적은 알고 모임에 임했는가?					
	성령께서 나를 만지시도록 기도로 준비하였는가?					
	소그룹원들을 위해서 중보하였는가?					
	리더를 위해서 중보하였는가?					
	나를 변화시키실 하나님을 기대하는 마음으로 임했는가?					
참여 및 자세	적극적으로 질문과 대답에 참여했는가?					
	정직하게 자신을 보여주었는가?					
	지체들의 이야기에 사랑의 마음으로 공감적 경청을 하였는가?					
	모임 중 성령의 인도하심을 계속적으로 구했는가?					
	하나님께서 원하시는 것이 무엇인지 분명히 알았는가?					
	발견한 진리를 삶과 인격에 적용하기로 결단했는가?					
	이번주에 중보할 지체를 발견했는가?					
적용 및 결단	자신의 적용이 삶과 인격에 변화를 가져올 만큼 구체적인가?					
	배운 내용이 삶의 상황에 분명히 적용되었는가?					
	소그룹 모임에 대한 만족감이 있었는가?					
	배운 내용을 분명하게 정리했는가?					
	이번 과의 주제와 목적을 분명히 알게 되었는가?					
	삶과 인격의 변화를 위해 기도할 준비가 되어 있는가?					
평가	이번주 총점					

"그러므로 내 사랑하는 형제들아 견실하며 흔들리지 말고 항상 주의 일에 더욱 힘쓰는 자들이 되라 이는 너희 수고가 주 안에서 헛되지 않은 줄 앎이라" (고전 15:58)

- 이번주 생일 맞은 사람은?
- 이번주 소그룹 특이 사항은?
- 다음주 행사는?
- 다음주 전도할 대상은?
- 이번 달 암송 구절과 필독서는?